레베기의 유튜브 콘텐츠
P.O.W.E.R 법칙

기술이 콘텐츠가 되고, 콘텐츠가 비즈니스가 되는 유튜브 신분 상승의 모든 것

레베기의 유튜브 콘텐츠 P.O.W.E.R 법칙

초판 1쇄 발행 2025년 5월 20일
지은이 레베기
펴낸이 전정아
편집 오은교
디자인 및 조판 육일구디자인

펴낸곳 리코멘드
등록일자 2022년 10월 13일 **등록번호** 제 2025-000082호
주소 경기도 고양시 일산동구 경의로33
전화 0505-055-1013 **팩스** 0505-130-1013
이메일 master@rdbook.co.kr
홈페이지 www.rdbook.co.kr
페이스북 www.facebook.com/rdbookkr
블로그 blog.naver.com/rdbookkr
인스타그램 www.instagram.com/recommendbookkr

* 책값은 뒤표지에 있습니다.
* 이 책은 저작권법에 따라 보호를 받는 저작물이므로 무단 전재와 복제를 금지합니다.
   이 책의 내용 전부 또는 일부를 이용하려면 반드시 저작권자와 리코멘드의 동의를 받아야 합니다.
* 잘못 인쇄되거나 제본된 책은 서점에서 바꿔 드립니다.

기술이 콘텐츠가 되고, 콘텐츠가 비즈니스가 되는 유튜브 신분 상승의 모든 것

레베기의 유튜브 콘텐츠
P.O.W.E.R 법칙

레베기 지음

오케이, 끝. 됐지?

Re:commend

기술에 '콘텐츠'라는 옷을 입혀
세상에 선보일 준비를 하고 있는 여러분에게

기술은 참 매력적인 도구입니다. 무언가를 만들어가는 과정에서 느끼는 뿌듯함과 성취감은 이루 말할 수 없죠. 과거에는 기술적 역량에 집중하는 것만으로도 성공의 길을 찾아갈 수 있었습니다. 뛰어난 기술력이 곧 경쟁력이었고, 그것만으로도 인정받을 수 있었죠.

하지만 지금의 '플랫폼 시대'에서는 상황이 달라졌습니다. 뛰어난 기술을 가졌다고 해서 누구에게나 성공이 보장되는 것은 아닙니다. 이제는 기술력 그 자체를 넘어 다양한 플랫폼을 통해 더 많은 사람들과 소통하고, 자신의 기술을 효과적으로 알리며, 타인의 공감을 이끌어 내는 능력이 성공을 위한 필수 요소가 되었습니다.

저는 유튜브에서 '레베기LEBEGI'라는 가죽 공예 채널을 운영하고 있습니다. 현재 약 47만 명의 구독자와 함께하고 있지만, 처음부터 대중적인 인기를 기대했던 것은 아닙니다. 단지 좋아하는 가죽 공예를 더 많은 사람들과 공유하고 싶었을 뿐입니다. 하지만 유튜브를 운영하면서 깨달았습니다. 단순히 결과물을 보여 주는 것만으로는 부족하다는 것을요. 기술을 '어떻게' 매력적인 콘텐츠로 풀어내느냐가 훨씬 중요했습니다.

이후 저는 가죽이라는 하나의 재료를 활용해 밀크카라멜 케이스, 마이쮸 금고, 명품 브랜드 리폼까지 다양한 콘텐츠를 만들어 왔습니다. 제 영상을 본 많은 분들이 '레베기'라는 닉네임에 '가죽 공예의 일인자'라는 수식어를 붙여 주셨지만, 정작 저 자신은 그렇게 생각하지 않습니다. 다만 제가 만든 콘텐츠가 공감을 얻었고, 그 반향이 저를 소위 인플루언서로 보이게 만들었을 뿐입니다.

이제 단순한 기술력만으로는 부족한 시대입니다. 기술을 콘텐츠로 승화시켜 더 많은 사람들에게 다가가야 할 때입니다. 오늘날 콘텐츠는 기술자를 돋보이게 만들고, 그 기술을 널리 알리는 가장 강력한 도구입니다.

지금도 유튜브는 여전히 무한한 가능성을 품은 블루오션입니다.

기존의 많은 유튜브 관련 서적들은 '주제'의 중요성을 강조했습니다. 게임 플레이, 뷰티 튜토리얼, 일상 브이로그, 먹방, 언박싱, ASMR과 같이 대중이 관심을 가질 만한 인기 있는 소재를 발굴해 콘텐츠로 만들어야 성공할 수 있다는 논리였죠. 하지만 이 책은 그 관점을 완전히 전환합니다. 오히려 '기술'을 가진 사람들이 자신만의 노하우를 콘텐츠로 승화시킬 때 훨씬 더 강력한 영향력을 발휘한다고 강조합니다. 이 책에서 말하는 '기술'은 바로 여러분의 '재주'를 의미합니다. 요즘 SNS 콘텐츠 트렌드를 보면 단순한 손재주, 말재주, 몸재주뿐 아니라 오랫동안 즐겨온 취미, 남다른 특기, 전공 지식, 심지어 여러분의 일상적인 일과 직업에 축적된 경험과 노하우에 이르기까지 각자가 가진 고유한 '재주'가 훨씬 더 강력한 영향력을 발휘한다는 것을 알 수 있습니다.

여러분이 가진 기술은 세상과 소통하고 연결될 수 있는 매우 강력한 무기입니다. 기술 자체도 중요하지만, 그 기술을 어떤 콘텐츠로 어떻게 보여 줄 것인가가 더욱 중요합니다. 유튜브는 이미 단순 검색 기반 서비스를 넘어 사용자의 취향과 관심사를 분석하여 시청자 맞춤형 콘텐츠를 추천하는 정교한 알고리즘 플랫폼으로 진화했습니다. 이는 곧 여러분과 같은 기술을 가진 사람들에게 더욱 큰 기회와 가능성을 제공한다는 의미입니다.

기술은 이제 더 이상 단순한 결과물로만 존재하지 않습니다. 기술이 콘텐츠로 변신하는 순간, 그 가치는 무한히 확장됩니다. 이 책은 여러분의 기술이 가진 진정한 가치를 세상에 보여 주고, 여러분을 영향력 있는 유튜버로 이끌어 줄 첫걸음이 될 것입니다.

2025년 5월 레베기 조우성

이 책을 효과적으로 이해하고
활용하기 위한 방법

이 책은 단순히 이론만 나열한 매뉴얼이 아닌, 저의 생생한 경험과 실전 노하우가 담긴 안내서입니다. 더욱 효과적으로 책의 내용을 이해하고 활용하기 위한 방법을 소개하겠습니다.

단계별로 접근하기

이 책은 유튜브 플랫폼의 이해부터 시작해 실제 채널 운영, 그리고 미래 전략까지 단계적으로 구성되어 있습니다. 처음 유튜브를 시작한다면 PART 01부터 차근차근 읽어나가는 것이 좋습니다. 이미 채널을 운영 중이라면 PART 02의 실제 사례를 참고하여 자신의 콘텐츠를 개선해 보세요. 그리고 모든 창작자들은 PART 03의 미래 전략을 통해 지속 가능한 성장 방향을 모색할 수 있습니다.

〈PART 01 유튜브, 기술을 수익으로 바꾸는 플랫폼〉에서는 인터넷 세상이 어떻게 변화해 왔는지, 그리고 다양한 플랫폼 속에서 유튜브가 왜 특별한지 살펴봅니다. 단순 검색 중심에서 알고리즘 기반 추천 시스템으로 발전한 인터넷 생태계 속에서 유튜브는 어떻게 콘텐츠 창작자들에게 독보적인 수익 창출 기회를 제공하게 되었는지 이해할 수 있습니다. 또한 채널명 선택부터 알고리즘의 작동 원리까지, 유튜브 플랫폼을 효과적으로 활용하기 위한 기본적인 전략을 배울 수 있습니다.

〈PART 02 모두에겐 처음이 있다〉에서는 저자가 가죽 공예 유튜브 채널을 시작해 47만 구독자를 모으기까지의 실제 여정을 따라갑니다. 초반의 좌절과 실패, 예상치 못한 성공, 그리고 끊임없는 실험과 도전의 과정을 날것 그대로 담았습니다. 소위 '떡상'하는 콘텐츠를 만들기 위한 제목 짓기, 섬네일 제작, 스토리텔링 전략을 실제 사례를 통해 배울 수 있습니다. 특히 저자의 대표적 히트 콘텐츠인 '신분 상승' 시리즈가 어떻게 탄생했는지, 어떤 요소들이 시청자들의 열광적인 반응을 이끌어 냈는지 상세히 분석합니다.

〈PART 03 콘텐츠의 시대, 기술을 넘어서라〉에서는 이제는 기술만으로는 살아남을 수 없는 시대임을 공표하고, 뛰어난 기술자가 어떻게 매력적인 콘텐츠 생산자로 거듭날 수 있는지, AI 시대에 콘텐츠 제작을 더 효율적으로 할 수 있는 방법은 무엇인지 살펴봅니다. 변화의 물결 속에서 숏폼 콘텐츠의 부상에 대응하는 방법과 더 많은 대중에게 다가가기 위한 전략도 배울 수 있습니다. 기술과 콘텐츠의 조화를 통해 콘텐츠 크리에이터로서의 새로운 정체성을 받아들이고 더 넓은 세계로 나아가기 위한 통찰을 얻어 가시기 바랍니다.

QR 코드로 실제 영상 확인하기

책 곳곳에 삽입된 QR 코드를 스마트폰으로 스캔하면 저자의 실제 유튜브 영상을 바로 확인할 수 있습니다. 책에서 설명하는 콘텐츠 전략이 실제 영상에서 어떻게 구현되었고 어떤 효과를 냈는지 직접 확인해 보세요. 글로만 읽는 것보다 실제 사례를 눈으로 보는 것이 감을 잡기에 더 좋습니다.

'잠깐만요!' 코너 활용하기

책 속에 깜짝 등장하는 '잠깐만요!'는 꼭 알아 두어야 할 중요 내용과 특별히 주의해야 할 내용을 적어 놓은 팁입니다. 유튜브 콘텐츠를 제작하는 사람에서 필요한 귀중한 조언을 담고 있으니 이 또한 놓치지 마시기 바랍니다.

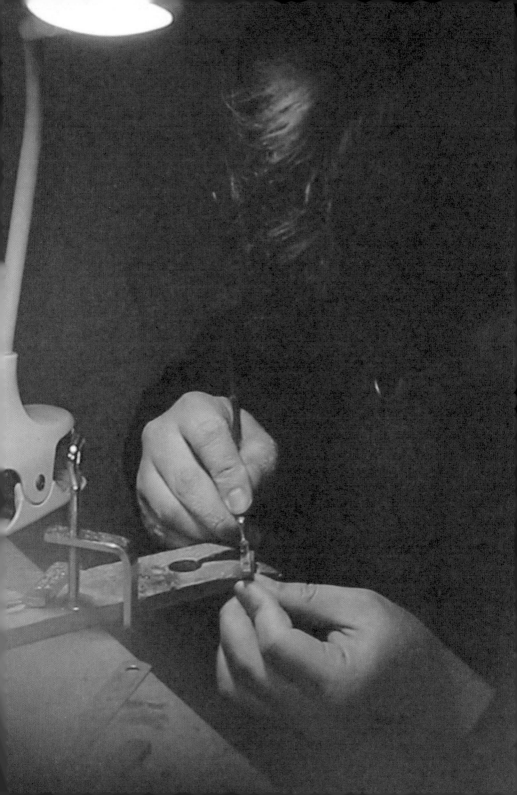

유튜브,
기술을 수익으로 바꾸는
플랫폼

01

단순 검색에서
거대 알고리즘 플랫폼으로

먼저, 우리가 살고 있는 인터넷 세계의 흐름을 살펴보겠습니다.

인터넷은 이제 단순한 도구가 아니라 우리 삶의 중심이 되었고, 오늘날 플랫폼을 이해하려면 인터넷이 어떻게 발전해 왔는지 아는 것이 중요합니다. 이 책에서 이야기하려는 유튜브라는 플랫폼 역시 이러한 변화의 흐름 속에서 탄생했기 때문입니다.

인터넷은 지난 20여 년 동안 포털 사이트와 검색 엔진 중심에서 소셜 미디어를 거쳐, 이제는 알고리즘이 콘텐츠를 추천하고 확산시키는 형태로 발전해 왔습니다. 이 변화의 흐름을 따라가다 보면 우리가 기술을 활용해 성장할 수 있는 방법도 더욱 명확해질 것입니다.

초창기 온라인 커뮤니티의 붐을 일으킨 것은 '카페' 서비스였습니다.

이 책을 읽는 독자들의 연령층은 다양하겠지만, 2000년대 초반부터 온라인 활동을 했다면 누구나 '다음 카페'를 기억할 것입니다. 당시 다음 카페는 국민적 소통 광장 역할을 했을 정도로 중요했고, 이용하지 않으면 인간 관계의 폭이 제한될 정도였죠. 비슷한 시기에 등장한 '네이버 카페' 역시 점차 대중화되며 사용자층을 넓혀 갔습니다.

이렇게 온라인 카페는 다양한 주제를 중심으로 모임을 형성하며 정보와 취미를 공유하는 대표적인 커뮤니티로 자리잡았습니다. 물론 20년이 훌쩍 넘은 지금도 여전히 그 명맥을 유지하고 있습니다. 이후 네이버 블로그, 페이스북, 인스타그램, 그리고 현재의 유튜브에 이르기까지 수많은 플랫폼이 등장하고 사라지는 변화를 거듭해 왔습니다.

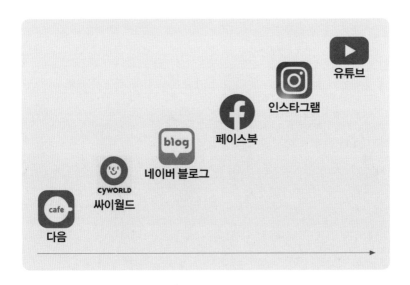

그렇다면 다음 카페에서 유튜브로 넘어오는 동안 어떤 변화가 있었을까요? 눈치 빠른 독자들은 이미 알아챘을 겁니다. 각종 정보를 정제된 글로 게시판에 공유하던 단순 플랫폼이 나의 소소한 일상을 수시로 공유하는 SNSSocial Network Service 형태로 진화한 것입니다. 사실 이러한 서비스들은 시대 흐름에 따라 주인공만 바뀌었을 뿐, 늘 존재해 왔습니다.

그래프는 시대의 흐름에 따라 끊임없이 생겨나고 사라지는 선형적 구조로 보이지만, 실제로는 어느 날 갑자기 새로운 서비스가 '짠!'하고 나타난 것은 아닙니다. 특징을 자세히 들여다보면 그 원리는 크게 다르지 않습니다. 오히려 다음 그림처럼 서로 겹쳐져 있으며, 완전히 서로 다른 개념은 아닙니다.

원하는 결과를 잘 찾아 주는 검색 서비스

대표적인 예로 다음과 네이버를 들 수 있습니다. 이 두 사이트의 공통점은 검색 기반 서비스를 제공했다는 점입니다. 초기 광고에서 '검색은 네이버', '세상의 모든 지식'과 같은 슬로건을 내걸며, 검색 서비스로서 브랜드 인지도를 높이기 위해 많은 노력을 기울였습니다.

이들 서비스의 주요 목표는 사용자가 검색 키워드를 입력하면 신뢰할 수 있는 결과를 최대한 정확하고 빠르게 제공하는 것이었습니다.

관심사를 기록하는 블로그

그러다 블로그BLOG가 등장합니다. 이는 웹Web의 'B'에 일기라는 뜻의 'LOG'를 합친 단어로, 온라인 공간에서 개인이 자신의 관심사를 텍스트 등으로 기록할 수 있는 서비스를 가리킵니다.

WEB LOG
↓
BLOG

　최초의 블로그는 주로 텍스트와 사진으로 구성되어 있었고, 이 텍스트를 분석하여 포털 사이트의 검색 결과에 반영하는 형태였습니다. 블로그 초기에만 해도 영상 활용은 지금처럼 보편적이지 않았습니다. 따라서 글을 잘 쓰거나 사진을 잘 찍는 사람들이 상당히 유리한 위치에 있었죠. 이에 따라 검색 결과 상위 노출을 위한 일종의 '공략법'이 퍼지기도 했습니다. 예를 들면 '어떤 텍스트를 반드시 넣어야 한다', '사진은 최소 몇 장이 필요하다' 등과 같은 노하우가 공유되던 시기였습니다.

네이버의 성장을 이끈 지식인 서비스

　사람들이 무언가를 '검색'하는 행위는 궁금증을 해소하기 위해 누군가에게 '질문'하는 것과 같습니다. 블로그가 처음 등장했을 때 이를 주도했던 사람들은 바로 각 분야의 전문가 또는 지식인들이었습니다. 분야를 막론하고 새로운 서비스가 시작될 때 전문가들이 초기 시장을 주도하는 것은 아주 일반적인 현상입니다.

네이버의 지식인 서비스는 출시 직후부터 국내 포털 사이트 중 네이버 사용 점유율을 엄청나게 높여 주며 네이버의 성장을 이끈 핵심 서비스였습니다. 사용자들이 궁금한 내용을 질문하면 각 분야의 전문가들이 상세한 답변을 척척 제공해 주니 자연스럽게 많은 이용자가 모여들었고, "궁금한 건 지식인에서 찾아보라"는 말이 금세 퍼질 정도로 큰 인기를 끌었습니다.

해시태그로 소셜 미디어의 강자가 된 인스타그램

그렇다면 현재 소셜 미디어의 강자로 자리잡은 인스타그램의 최초 모습은 어땠을까요? 다음은 인스타그램의 초기 홈페이지입니다.

'search', 'users', 'hashtags'라는 단어에서 알 수 있듯이 인스타그램은 사용자와 해시태그를 '검색'해서 찾으라고 합니다. 인스타그램 역시 검색을 강조했습니다. 다만 서비스의 기반은 '이미지'였죠. 소셜 미디어가 텍스트에서 이미지 중심으로 변화하는 시점이었지만, 사용자들은 이미 페이스북을 통해 이미지 위주의 포스팅에 익숙해진 상태였습니다. 여기에 'sharing', 즉 '공유'라는 개념이 더해졌는데, 공유는 인스타그램 서비스 전체를 관통하는 핵심 개념입니다. 결국 인스타그램은 '검색' 기능을 강조하면서도 본질적으로는 비주얼 콘텐츠를 '공유'하는 것에 중점을 둔 서비스라고 할 수 있습니다.

인스타그램의 핵심 기능 중 하나는 해시태그Hashtag입니다. 해시 기호(#) 뒤에 특정 단어를 입력하면 그와 관련된 모든 게시물을 한 번의 클릭으로 손쉽게 찾아볼 수 있죠. 사용자들은 이 기능에 금방 매료되어 '#먹스타그램', '#공스타그램', '#얼스타그램', '#여행스타그램'처럼 '○○스타그램'이라는 형태로 자신의 관심사를 자유롭게 표현하기 시작했고, 이를 통해 비슷한 취향을 가진 사람들과 서로 팔로우하며 관계를 맺어 나갔습니다.

좋아할 만한 콘텐츠를 알아서 보여 주는 유튜브

그렇다면 초창기 유튜브는 어땠을까요? 유튜브 역시 검색 기능이 핵심이었습니다. '○○ 요리하는 법', 'How To ○○○'과 같은 검색어를 통해 사용자가 원하는 영상을 노출시켜 주던 시기였습니다. 실시간 뉴스부터 간단한 반찬 레시피, 동안 메이크업 팁, 아이돌 직캠, 유명 유튜버의 먹방까지, 보고 싶은 콘텐츠를 검색어로 찾아보는 방식이었습니다. 또한 홈 화면에서는 사용자가 구독하는 채널의 콘텐츠를 우선적으로 보여 주는 방식을 취했습니다.

그러다가 어느 순간, 유튜브의 홈 화면이 서서히 변화하기 시작했습니다. 한 번도 검색해 본 적 없는 주제의 영상들, 나오는 전혀 관련 없어 보이는 콘텐츠들, 한 번도 구독한 적 없는 채널의 영상들이 홈 화면 곳곳에 등장하기 시작한 것입니다.

인스타그램도 같은 변화를 겪었습니다. 어느 순간부터 내 피드에는 낯선 사람들이 '추천'이라는 이름으로 등장하기 시작했고, 정작 내가 팔로우하는 사람들의 게시물은 찾아보기 힘들어졌죠. 더구나 피드를 스크롤하다 보면 관심 없는 게시물이나 광고까지도 반강제로 눈에 들어오는 상황이 되었습니다.

왜 이렇게 바뀌었을까요?

제가 가죽 공예를 처음 접했을 때는 유튜브에서 관련 키워드를 검색해 가며 원하는 영상을 찾아보곤 했습니다. 하지만 시간이 지날수록 새롭게 볼만한 콘텐츠가 줄어들기 시작했습니다. 당시에는 지금처럼 영상 콘텐츠가 풍부하지 않았고, 특히 가죽 공예와 같은 특수 분야는 더욱 제한적이었습니다.

사용자들은 더 이상 새로운 정보가 없다고 느끼면 자연스럽게 플랫폼을 이탈합니다. 더 신선한 콘텐츠를 찾아 다른 플랫폼으로 이동해 버리기 때문이죠. 유튜브는 당연히 이런 사용자들을 붙잡아 두고 싶었을 것입니다. 그러다 보니 내가 따로 요청하지 않았음에도 자연스레 관심을 가질 만한 영상들을 슬쩍슬쩍 추천하기 시작했습니다.

"우린 이런 영상들도 많이 있어. 너가 원하는 것만 보지 말고 이런 것도 한번 봐. 어때? 재밌지 않아?"

가죽 공예 영상을 보러 들어왔지만 눈길을 끄는 다른 영상들로 자연스레 시선이 옮겨갑니다. 이렇게 호기심에 이끌려 클릭한 영상들은 내 유튜브 계정에 데이터로 쌓여 또 다른 맞춤형 추천 목록을 만들어 내고 있습니다.

이것이 바로 '알고리즘의 힘'입니다. 단순히 검색 결과만 보여 주던 서비스가 이제는 사용자의 취향을 분석해 좋아할 만한 콘텐츠를 알아서 추천해 주기 시작한 것입니다. 이러한 핵심 엔진의 변화야말로 사용자들을 플랫폼에 붙잡아 두는 결정적인 요인이 되었습니다.

사실 이런 혁신적 변화의 배경에는 빅데이터와 인공지능의 발전이 있었습니다. 빅데이터 기술은 플랫폼이 사용자들의 방대한 활동 정보를 수집하고 분석할 수 있게 해 주었습니다. 여러분이 검색한 키워드, 클릭한 링크, 콘텐츠를 본 시간, 심지어 페이지를 스크롤하는 속도마저도 의미 있는 데이터로 수집됩니다. 이런 풍부한 데이터를 통해 사용자의 행동 패턴과 관심사를 정확하게 파악할 수 있게 된 것입니다.

더 나아가 이렇게 쌓인 방대한 데이터를 인공지능이 학습하면서 여러분의 취향을 예측하고 선호할 만한 콘텐츠를 자동으로 추천하는 시스템이 완성되었습니다. 결과적으로 플랫폼은 이러한 알고리즘을 근간으로 운영되는 새로운 형태로 진화하게 되었습니다. 기술의 진화는 사용자들을 플랫폼에 더 오래 머물게 했고, 이를 바탕으로 플랫폼은 더 많은 광고 수익을 창출할 수 있는 기반을 자연스럽게 만들 수 있게 되었습니다.

지금까지 다양한 플랫폼들의 변화와 흐름을 자세히 살펴본 이유가 바로 여기에 있습니다. 과거 단순 검색 중심이던 플랫폼들이 이제는 알고리즘 기반으로 운영되기 때문에 이전과는 완전히 다른 차원의 변화가 생길 수밖에 없습니다. 이는 곧 '앞으로 우리는 뭘 해야 하지?'라는 질문에 대한 굉장히 중요한 답을 던집니다.

02

.

기존 플랫폼과
유튜브의 결정적 차이

앞서 이야기했던 네이버 카페, 네이버 블로그, 페이스북, 인스타그램, 유튜브를 쭉 나열해 놓고 유튜브 로고 위로 선을 하나 그어 볼게요. 선을 기준으로 위쪽에 나열된 플랫폼들과 유튜브는 무슨 차이가 있을까요?

수익 창출 목적의 플랫폼

유튜브를 기준으로 위쪽에 나열된 플랫폼들은 대부분 마케팅 도구로써의 목적이 강

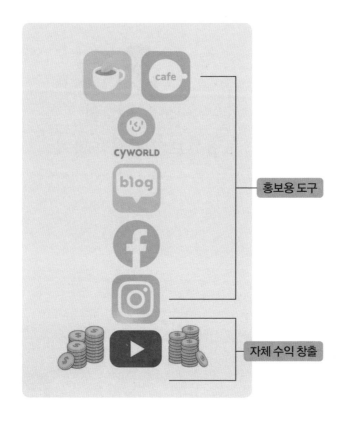

홍보용 도구

자체 수익 창출

했습니다. 사업을 홍보하고, 제품을 알리고, 고객과 소통하는 마케팅 수단으로 주로 활용되었죠. 제가 블로그를 10년 가까이 운영했을 때도 글쓰는 즐거움, 공부 내용 기록, 나를 세상에 알리는 마케팅이 주된 목적이었습니다. 네이버 애드포스트처럼 블로그에 게재된 광고를 조회하거나 클릭할 때마다 수익 창출이 가능한 플랫폼도 있었지만, 100만 뷰라는 엄청난 조회수에도 불구하고 실제 정산액은 10만 원도 안 될 정도로 미미해 이렇다 할 수익을 낼 수 있는 플랫폼은 사실상 없었습니다.

하지만 유튜브는 근본적으로 다릅니다. 마케팅 도구로도 활용 가능하지만, 콘텐츠 자체만으로도 제법 큰 수익을 창출할 수 있는 독보적인 플랫폼입니다. 이전 플랫폼들이 단순히 다른 목적을 위한 도구였다면 유튜브는 마케팅과 수익 창출이 동시에 가능한 일석이조 플랫폼인 셈이죠.

최근 디지털 콘텐츠 생태계는 더욱 다양해졌습니다. 틱톡은 숏폼 콘텐츠라는 새로운 트렌드를 주도하며 크리에이터의 수익화 모델을 성공적으로 구축했고, 유튜브도 이에 대응해 'Shorts(쇼츠)'를 출시하며 변화를 꾀하고 있습니다. 메타에서 출시한 스레드도 빼놓을 수 없습니다. 텍스트 기반의 간결한 커뮤니케이션 방식으로 빠른 정보 공유와 소통을 추구하며, 크리에이터들에게 새로운 표현의 장을 제공하고 있습니다. 콘텐츠의 형태와 소비 방식은 계속 진화하고, 각각의 플랫폼도 자신만의 고유한 특성과 장점을 가지고 있어, 크리에이터들은 자신의 콘텐츠와 목적에 맞는 플랫폼을 선택하거나 여러 플랫폼을 동시에 활용하는 전략을 취하고 있습니다.

이제는 '특정한 플랫폼'이 아니라 '다양한 플랫폼'이 공존하는 시대입니다. 그럼에도 유튜브가 여전히 가장 완성도 높은 영상 플랫폼이라고 생각하는 이유는 숏/미드/롱폼 영상, 라이브 스트리밍 등 다양한 형태의 영상 콘텐츠를 아우를 뿐만 아니라, 여기에 쇼핑 기능까지 더해져 다채로운 '수익 창출'이 가능하기 때문입니다. 이 책에서 유튜브 콘텐츠로 승부 보는 법을 이야기하는 이유도 결국 '수익'입니다. '수익' 관점에서 유튜브는 그 어떤 플랫폼보다 강력합니다.

유튜브로 수익을 내는 사람들의 특징

이제는 자신의 취미나 특기를 활용해 얼마든지 수익을 창출할 수 있는 시대가 되었습니다. 좋은 콘텐츠를 만들 수만 있다면 말이죠.

저는 한동안 블로그를 꾸준히 운영했습니다. 당시 친분을 쌓던 이웃 블로거들이 있었는데, 늘 열심히 활동하는 것을 보며 자극을 받았던 기억이 납니다. 그러다 우연히 그들 중 상당수가 유튜브로 플랫폼을 옮겨 거기서도 성공적으로 채널을 운영하고 있는 것을 발견했습니다. 블로그와 유튜브는 운영 방식이 전혀 다른데, 어떻게 이런 일이 가능했을까요?

답은 의외로 단순했습니다. 그들은 블로그를 운영하면서 이미 자신만의 독창적인 콘텐츠를 만드는 능력을 키워 왔기 때문입니다. 유튜브를 단순한 마케팅 도구로만 여기지 않고, 이미 갖추고 있던 콘텐츠 제작 능력을 영상이라는 새로운 방식으로 자연스럽게 확장했던 것입니다.

이처럼 자신만의 특기나 취미, 즉 세상에 두각을 나타낼 수 있는 재능을 콘텐츠로 만들어 낼 수 있는 능력만 있다면 어떤 플랫폼에 던져놔도 적응하여 성공할 확률이 높습니다. 결국 우리가 가장 중요하게 키워야 할 것은 콘텐츠를 만드는 실력인 것입니다.

사실 콘텐츠를 만드는 것이 가장 어려운 과제이지만, 블로그에서 잘

하던 사람이 유튜브 플랫폼에서도 잘할 확률이 높습니다. 성공의 핵심은 콘텐츠 자체에 있습니다. 음식을 잘 만드는 사람이라면 그것이 음식점 운영이든 유튜브 활동이든 본질적으로 동일한 콘텐츠라는 인식이 중요합니다.

전통적인 음식점은 가게를 차리고, 집기를 준비하고, 매일 재료를 구입해 정해진 양의 음식을 만들어 판매합니다. 아무리 인기가 많고 긴 줄이 생겨도 하루에 만들어 판매할 수 있는 음식의 양은 제한적일 수밖에 없죠.

그러나 시대가 변화했습니다. 집에서 음식 만드는 과정을 영상으로 보여 주고 레시피를 공유하는 것만으로도 수익을 낼 수 있게 되었습니다. 시청자들의 '좋아요'와 댓글로 자연스럽게 가치가 생성되는 시스템이 형성되었습니다.

여전히 전통적인 방식으로 음식점을 운영하며 성공하는 사람들은 많습니다. 물론 그것도 좋은 방법입니다. 하지만 이제는 요리 실력을 바탕으로 음식점 창업이 아닌 완전히 다른 방식으로 가치를 창출하는 사례에 주목할 필요가 있다는 것입니다. 실제로 그 음식이 어떤 맛인지는 경험할 수 없지만, 음식을 아름답게 연출하고 자신감 있게 시연하며 맛있게 먹는 모습 자체가 하나의 콘텐츠로 인정받는 새로운 시대가 도래했습니다.

많은 사람들이 유튜브 채널 운영에 실패하는 이유

그렇다면 많은 사람들이 유튜브 채널 운영을 어렵게 생각하고 실패하는 이유는 뭘까요?

첫째, 유튜브를 '홍보용 도구'로만 활용합니다.

유튜브를 '홍보용 도구'로만 활용하면 채널 운영에 실패할 확률이 높습니다. 계속 음식점 사례로 설명해 보겠습니다. 레스토랑을 운영하는 셰프는 맛있는 음식을 만들어 식당에서 판매하는 것이 주 수입원입니다. 여기에 유튜브 채널도 운영합니다. 채널에서는 간단한 레시피를 공개하고, 요리 꿀팁을 알려 주고, 식당의 일상을 보여 줍니다. 이런 방식은 유튜브 자체에서도 수익이 발생하지만 더 중요한 건 이 채널이 자연스럽게 식당 홍보로도 이어진다는 점입니다. 시청자들은 셰프의 전문성과 요리에 대한 진정성을 영상으로 확인하고 식당을 방문하고 싶어집니다. 결과적으로 유튜브는 식당 매출 증대를 위한 마케팅 도구인 동시에 그 자체로도 새로운 수입원이 되는 것입니다.

또 다른 레스토랑의 셰프 역시 유튜브 채널을 운영합니다. 그런데 이 셰프가 "우리 레스토랑에 오세요, 정말 맛있어요"라며 메뉴와 가격만 나열하거나 매일 똑같은 구도로 찍은 음식 영상만 반복적으로 올린다면 어떨까요? "이번 주 특가 세일", "신메뉴 출시" 같은 홍보성 콘텐츠는 시청자에게 실질적 가치를 제공하지 못합니다. 그 레스토랑이 왜 특별한지, 요리에 어떤 정성과 노하우가 담겼는지, 셰프에게 어떤 스토리가 있는지 등이 전달되지 않아 공감을 얻기 어렵습니다. 오히려 이런 노골적인 홍보성 콘텐츠는 역효과를 불러올 위험도 있습니다. 시청자들이 '이건 그냥 광고네'라고 인식해 버리면 결국 채널에 대한 신뢰도마저 떨어뜨리는 결과를 초래할 수 있습니다.

둘째, 유튜브로 대박을 내야겠다고 생각합니다.

처음부터 유튜브를 이용해 대박을 내야겠다는 생각은 크게 도움이 되지 않습니다. 유튜브는 영상 콘텐츠를 통해 수익을 창출하는 플랫폼입니다. 따라서 영상 그 자체로만 승부를 봐야 합니다. 즉, 사람들이 유입될 만한 영상으로 구독자를 많이 확보하는 것이 우선이죠. 특히 영상 콘텐츠에 익숙한 젊은 세대들은 콘텐츠 속에 숨겨진 창작자의 의도를 금방 알아챕니다. 만약 콘텐츠에서 원래와 다른 목적이 드러난다면 시청자들에게 외면받는 것은 한순간입니다.

그렇기 때문에 먼저 진정성 있는 콘텐츠를 만드는 데 집중하고, 그다음에 이를 어떻게 효과적으로 알리고 수익으로 연결할지를 고민해야 합니다. 이제부터는 주변에서 흔히 이야기하는 "유튜브는 이렇게 해야 한다", "이건 꼭 넣어야 한다", "저건 빼야 한다" 같은 조언에 휘둘리지 마세요. 대신 시청자들의 관심을 끌기 위한 기본 원리를 먼저 이해한 후 어떤 영상을 만들어야 할지에 대한 고민부터 시작하는 것이 올바른 순서입니다.

03

채널명으로
나를 브랜딩하라

'레베기'라는 닉네임은 얼핏 보면 아무 의미 없는 이름 같지만, 사실 의도된 이름입니다. 브랜딩이라고 하기에는 거창하지만, 지금부터 이야기할 제 채널명 탄생 비화는 유튜브를 본격적으로 시작하려는 사람들에게 중요한 관점을 제공할 것입니다.

채널명의 전략적 장치

정확한 채널명은 〈레베기의 이상한 아뜰리에 LEBEGI〉입니다. 여기서 '이상한'이라는 단어는 일종의 전략적 장치입니다. 혹시 독특하거나 정말 엉뚱한 작품을 만들더라도 '이상한'이라는 수식어 덕분에 구독자들이 '아, 채널명이 이상한 아뜰리에였지!'라며 제작 의도를 쉽게 이해하고 공감할 수 있게 만든 것입니다.

또한 제 채널은 가죽 공예 콘텐츠가 주를 이루지만 채널명에 이를 의도적으로 명시하지 않았습니다. '가죽'이라는 단어 하나로 인해 여러 방면으로 도전할 수 있는 콘텐츠 제작 가능성을 제한하고 싶지 않았기 때문입니다. 나무를 이용해 무언가를 만들거나 금속을 활용할 수도 있는데, 가죽이라는 단어가 채널명에 들어가는 순간 채널 내에서 표현할 수 있는 콘텐츠들의 폭이 굉장히 한정적일 것이라고 판단했습니다.

'레베기' 이름 탄생 비화

저는 개인적으로 영어 알파벳 'L(엘)'과 한글 자음 'ㄹ(리을)'을 매우 좋아합니다. 'L'과 'ㄹ'은 둘 다 유연하고 부드러운 소리를 가진 발음에다 'L'은 대문자로 썼을 때 깔끔하고 심플한 모양, 'ㄹ' 역시 획이 적고 균형 잡힌 모양이라 디자인했을 때 사람들에게 매력적으로 다가갈 수 있

알파벳 L 또는 ㄹ
세 글자
받침 없음
검색 결과 없음

다고 생각했습니다. 그래서 유튜브 활동명을 정할 때 'L' 혹은 'ㄹ'이 들어가는 세 글자에 가능하면 받침이 없는 단어를 원했습니다. 그리고 가장 중요했던 조건은 바로 현재 검색 결과가 없어야 한다는 점이었습니다.

검색 결과가 없다는 것은 그 누구도 같은 명칭을 사용하고 있지 않는다는 뜻입니다. 해당 이름을 검색어로 입력했을 때 네이버에도, 구글에도, 유튜브에도 나오지 않는다면 나중에 마케팅할 때도 큰 장점이 될 수 있기 때문입니다.

N 레베기

블로그　카페　이미지　지식iN　인플루언서　동영상　쇼핑　뉴스 ⟨ ⟩ ···

레베기
LEBEGI · 온라인콘텐츠창작자

전체　　프로필　　최근영상

소속　　레베기(대표)
경력　　레베기 대표
사이트　유튜브, 인스타그램

본인 또는 대리인이 직접 관리하는 정보입니다.
본인참여 2023.07.17. ⓘ
인물정보 본인참여 · 직업별 등재기준

최근영상　　　　　　　　　　　　　　　→

| ▶ 7분 22초 | ▶ 6분 56초 |

세상에서 가장 비싼 계란 케이스
Youtube · 2025.02.15.

하이엔드 브랜드도 만들지 못한 그 가죽 케이스 ...
Youtube · 2024.12.28.

최근영상 관련 안내 ⓘ

나무위키 · namu.wiki › 레베기의_이상한_아뜰리에
레베기의 이상한 아뜰리에
대한민국의 가죽공예유튜브 크리에이터이다. 가죽을 이용하여 보잘것없는 것들을 신분 상승시켜주거나 온갖 이상한 것들을 만들어낸다.

만약 제 활동명을 '김선생'이라고 지었다면 어땠을까요? 네이버에 검색해 보면 다음과 같이 수많은 결과가 나옵니다.

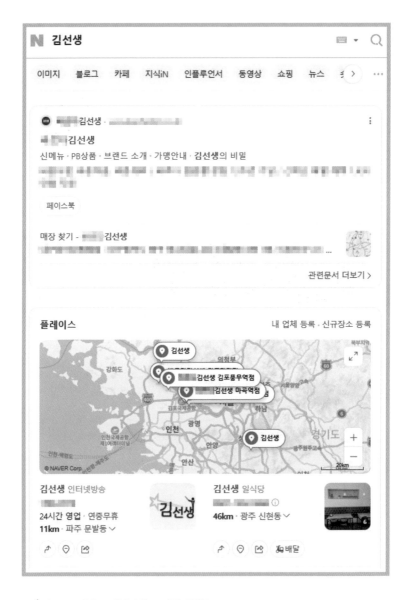

새로운 채널을 시작하는 입장에서 기존에 널리 알려진 업체와 경쟁하여 검색 결과 상위에 노출되는 것은 매우 어려운 일입니다. 이를 극복하고 상위 노출을 달성하려면 엄청난 시간과 노력, 그리고 상당한 비용이 필요합니다. 반면, 처음 활동명을 지을 때 누구도 사용하지 않는 고유한 명칭으로 채널을 시작하면 검색 엔진 최적화SEO와 브랜드 인지도 향상에 드는 비용과 노력을 크게 줄일 수 있을 뿐만 아니라, 콘텐츠 제작과 채널 성장에 상대적으로 더 많은 자원을 투자할 수 있습니다.

　　'김선생'과 '레베기'의 차이점이 바로 이런 것입니다. 이는 이어서 설명할 유튜브 알고리즘과도 굉장히 연관이 깊습니다.

04

알고리즘이
도대체 뭐길래?

유튜브 하면 '알고리즘'이라는 단어가 빠질 수 없죠. 그럼 '알고리즘은 무엇이다'라고 한 마디로 설명할 수 있나요? 컴퓨터 용어 같기도 하고, 인공지능과 관련 있는 것 같기도 한데 정확하게 설명할 수 있는 사람은 그리 많지 않을 겁니다.

규칙만 알면 간단한 알고리즘의 원리

알고리즘은 '문제를 해결하기 위한 절차나 규칙의 집합'입니다.

쉽게 예를 들어 보겠습니다. 한 손님이 식당에 방문하면 식당 직원은 보통 다음과 같이 응대합니다.

STEP 1
먼저 인사한다.

"반갑습니다. ○○○ 식당입니다."

↓

STEP 2
몇 명인지 묻는다.

"실례지만, 몇 분이신가요?"

↓

STEP 3
1명일 경우

"1인석 자리로 안내해 드리겠습니다."

2명일 경우

"두 분 자리로 안내해 드리겠습니다."

...

5명일 경우

"죄송합니다, 고객님.
다섯 분은 자리가 없어 식사가 어렵습니다."

이와 같이 어떤 상황에서 일어날 수 있는 일의 절차를 '알고리즘'이라고 합니다.

이번에는 사람 이름을 입력받으면 자동으로 성별을 판단하는 프로그램이 있다고 가정해 보겠습니다. 실제로 이를 구현하려면 굉장히 많은 데이터가 필요하지만, 여러분의 이해를 돕기 위해 조금 쉽게 설명해 보겠습니다.

잠깐만요!

유튜브 알고리즘은 실제로 머신러닝 기술을 통해 구현됩니다. 머신러닝은 단순한 규칙 기반의 프로그램이 아니라 수많은 변수를 학습하고 고도의 통계 모델을 사용하는데, 이 과정은 매우 정교하고 복합적입니다. 여기서 설명하는 예시는 이해를 돕기 위해 아주 단순화한 것입니다. 실제 머신러닝 알고리즘은 확률을 절대적이고 확정적인 100%로 정의하지 않고 다양한 변수와 상황을 종합적으로 고려해 미묘하고 정교한 확률을 계산합니다. 여기서는 이해를 돕기 위해 아주 단편적인 확률로 설명한다는 것을 참고하기 바랍니다.

먼저 '카리나'라는 이름이 있습니다. 인기 있는 유명 아이돌 덕분인지 대부분의 사람들은 '카리나'가 여자 이름이라는 것을 알고 있습니다.

ㅋ ㅏ ㄹ ㅣ ㄴ ㅏ

자, 그럼 '카리나'가 왜 여자 이름인지 다각도로 분석해 보겠습니다. 우선 모든 글자에 받침이 없습니다. 조건 하나를 얻었습니다.

> 받침이 없으면 여자 이름

이번에는 모음을 살펴보겠습니다.

ㅋ ㅏ ㄹ ㅣ ㄴ ㅏ

배열을 보니 'ㅣㅏ'가 보이네요. 그럼 조건 하나가 더 추가됩니다.

> 받침이 없으면 여자 이름
>
> 모음 배열이 'ㅣㅏ'면 여자 이름

이렇게 여자 이름에 대한 조건이 두 개 추가되었습니다.

'하니'라는 이름도 있습니다.

ㅎ ㅏ ㄴ ㅣ

여기에도 '카리나'처럼 모든 글자에 받침이 없네요. 그럼 다음과 같이 확률이 계산됩니다.

첫째, 받침이 없으면 여자 이름일 확률 100% (2/2)

모든 글자에 받침이 없다는 첫째 조건은 '카리나'와 '하니' 둘 다 만족하기 때문에 100% 확률로 여자 이름이라는 것을 확인했습니다.

모음 배열을 살펴봤더니 이번에는 'ㅏ ㅣ'입니다.

ㅎ ㅏ ㄴ ㅣ

새로운 조건이 추가되었습니다.

첫째, 받침이 없으면 여자 이름일 확률 100% (2/2)

둘째, 모음 배열이 'ㅣ ㅏ'면 여자 이름일 확률 100% (1/1)

셋째, 모음 배열이 'ㅏ ㅣ'면 여자 이름일 확률 100% (1/1)

어떤 패턴인지 아시겠죠? 이런 식으로 알고리즘에는 새로운 조건이 계속해서 추가되기도 하고, 원래 확률이 유입 데이터에 따라 바뀌기도 합니다.

'민지'라는 이름 역시 우리가 흔히 아는 여자 이름입니다.

ㅁ ㅣ ㄴ ㅈ ㅣ

그런데 이번엔 첫 글자에 받침이 있습니다. 이렇게 하나하나 뜯어보면 새로운 조건들이 계속해서 추가됩니다.

넷째, 'ㄴ' 받침 뒤에 모음 'ㅣ'가 있으면 여자 이름일 확률 100% (1/1)

다섯째, 이름 마지막 글자가 '지'면 여자 이름일 확률 100% (1/1)

여섯째, 모음 배열이 'ㅣ ㅣ'면 여자 이름일 확률 100% (1/1)

벌써 여섯 개의 조건이 생겼습니다. 분석 데이터가 많아질수록 성별을 정확히 맞출 수 있는 확률이 높아집니다.

이번엔 '이민기'라는 이름을 봅시다.

ㅇ ㅣ ㅁ ㅣ ㄴ ㄱ ㅣ

우리가 흔히 아는 남자 이름이죠. 어? 그런데 뭔가 이상합니다. 아까 넷째 조건에서 'ㄴ' 받침 뒤에 모음 'ㅣ'가 있으면 여자 이름이라고 했는데, 이번엔 남자 이름입니다. 그럼 이제 확률은 이렇게 바뀌겠죠?

> 넷째, 'ㄴ' 받침 뒤에 모음 'ㅣ'가 있으면 여자 이름일 확률 50% (1/2)

또 찬찬히 보니 여섯째 조건이 다소 걸립니다. 이민기도 모음 배열이 'ㅣㅣ'거든요.

> 여섯째, 모음 배열이 'ㅣㅣ'면 여자 이름일 확률 50% (1/2)

자, 이제 넷째, 여섯째 조건은 확률이 50%로 줄어 버렸습니다. 여기에 '이준기'라는 남자 이름 데이터를 마지막으로 넣어 보겠습니다.

ㅇ ㅣ ㅈ ㅜ ㄴ ㄱ ㅣ

그런데 여기서 또 넷째 조건이 걸립니다. 'ㄴ' 받침 뒤에 모음 'ㅣ' 배열이기 때문이죠.

> 넷째, 'ㄴ' 받침 뒤에 모음 'ㅣ'가 있으면 여자 이름일 확률 33.3% (1/3)

그리고 새로운 조건이 추가되었습니다.

일곱째, 모음 배열이 'ㅜㅣ'면 남자 이름일 확률 100% (1/1)

이렇게 많은 데이터가 입력될수록 성별을 맞출 확률도 높아집니다.

데이터 수십만 개를 모았더니 아래와 같은 확률이 나왔습니다.

첫째, 받침이 없으면 여자 이름일 확률 75% (228,018/304,024)

둘째, 모음 배열이 'ㅏㅏ'면 여자 이름일 확률 100% (295,153/295,153)

셋째, 모음 배열이 'ㅏㅐ'면 여자 이름일 확률 100% (157,353/157,353)

…

데이터가 어느 정도 쌓인 상태에서 이제 프로그램에게 스스로 맞춰
보라고 명령해 보겠습니다.

'김다해'라는 이름의 성별을 알려 줘!

그러면 프로그램은 앞서 계산된 확률을 토대로 저장된 조건들을 비
교하면서 예측한 답을 내놓습니다. 현재 데이터를 기준으로 '다해'라는
이름은 첫째, 셋째 조건을 만족합니다. 첫째 조건을 만족했을 때 여자

이름일 확률은 75%, 셋째 조건은 100% 여자 이름입니다. 그러면 최종 답을 이렇게 내놓겠죠.

87.5%의 확률로 여자 이름입니다.

이것이 바로 알고리즘의 원리입니다. 계속해서 생겨나는 조건들의 확률을 계산해 가장 높은 확률의 결과를 보여 주고, 사용자가 이에 만족하면 응답 결과는 더욱 더 진화해 나갑니다.

인공지능, 단순 알고리즘을 넘어서

인공지능은 '알고리즘'을 활용해 스스로 학습하고 추론하는 기술입니다. 즉, 수많은 데이터를 바탕으로 알고리즘 자체를 지속적으로 강화하면서 더욱 정교하게 발전시켜 나갑니다. 여기서 우리가 알아야 할 핵심은 바로 이러한 알고리즘의 원리를 '최대한 잘 활용하는 것'입니다.

앞서 언급했던, 이름으로 성별을 파악하기 위해 쌓았던 데이터를 역으로 활용하면 인공지능이 사람에게 새로운 제안을 할 수 있습니다. 이는 기존에 수집된 데이터와 학습된 알고리즘을 통해 새로운 인사이트와 추천을 생성하는 과정입니다.

먼저 프로그램에게 다음과 같이 물어보겠습니다.

여자 이름 하나만 추천해 줘.

그럼 프로그램은 해당 조건을 하나씩 대입해 확인해 봅니다.

첫째, 받침이 없으면 여자 이름일 확률 75%

둘째, 모음 배열이 'ㅏㅏ'면 여자 이름일 확률 100%

셋째, 모음 배열이 'ㅏㅐ'면 여자 이름일 확률 100%

...

일곱째, 모음 배열이 'ㅜㅣ'면 남자 이름일 확률 100%

그리고 첫째, 셋째 조건을 참고하여 모음 배열을 제안합니다.

ㅏ   ㅐ

여기에 자음을 랜덤하게 집어 넣어 결과를 출력하고 사용자의 판단을 기다립니다.

ㄷㅏㄹㅐ

'다래'라는 이름이 마음에 들었다면 사용자는 '좋아요'를 누릅니다. 그럼 이것이 또 하나의 데이터가 됩니다.

여자 이름을 추천해 달라고 해서 '다래'를 추천해 줬더니 좋아한다.

우리가 잘 아는 구글이나 네이버 같은 검색 포털은 우리의 모든 온라인 활동을 데이터로 수집합니다. 웹사이트를 둘러보며 특정 페이지에 오래 머무르거나, 새로고침하거나, 콘텐츠를 스크랩하고 저장하는 등의 모든 행동이 데이터가 됩니다. 이렇게 데이터를 끊임없이 수집하고 지속적으로 분석하면 사용자의 취향에 더 잘 맞는 서비스를 더 높은 확률로 제공할 수 있습니다.

이러한 원리를 먼저 이해해야 여러분의 유튜브 콘텐츠가 그동안 왜 기대만큼의 반응을 얻지 못했는지 정확하게 파악하고 개선해 나갈 수 있습니다. 결국 알고리즘과 인공지능의 작동 원리를 이해하는 것이 성공의 핵심입니다.

유튜브는 어떻게
좋아할 만한 영상을 추천할까?

유튜브가 개인 맞춤형 영상을 어떻게 추천하는지 그 과정을 예시로 설명해 보겠습니다.

유튜브가 개인 맞춤형 영상을 추천하는 방법

앞서 살펴본 이름 분석을 통해 '김다래'라는 이름이 '여자'라는 것을 알 수 있었습니다. 김다래는 유튜브에 회원 가입을 하면서 생년월일을 입력했을 테니 1990년생, 현재 30대라는 것을 알 수 있습니다. 그리고 '김다래'의 최근 검색 기록에 '홍천'이 있는데, 이 지역은 '물놀이, 휴가, 캠핑, 여행, 맛집' 등의 키워드와 밀접하게 연관되어 있습니다. 또한

'Jeep'을 검색한 기록이 있는 것을 발견하고 키워드를 연관시켜 보니 '바람막이, 취사 금지 지역'도 찾아본 것으로 나타났습니다.

검색 기록에는 교집합이 있습니다. 바로 '캠핑'입니다. 종합해 보니 '김다래'는 '캠핑을 좋아하는 사람'이라는 사실을 알 수 있습니다.

김다래   이름 배열 분석 여자
1990년생, 30대
강원도 홍천 검색   물놀이, 휴가, 캠핑, 여행, 맛집⋯.
Jeep 검색   4륜, 여행, 휴가, 캠핑, 겨울, 오프로드⋯.
바람막이 검색
취사 금지 지역 검색

이러한 데이터 분석을 바탕으로 '김다래'에게 필요한 목록을 다음과 같이 뽑아볼 수 있습니다. 캠핑에 관심 있는 여자가 좋아할 만한 장소, 다양한 캠핑 아이템 등이 있겠죠.

김다래

관심사: 캠핑
김다래에게 필요한 것: - 홍천 근처 캠핑 장소
                     - 홍천 근처 차박 장소
                     - 차량용 캠핑용품
                     - 여자 아웃도어 브랜드 의류
                     ⋯

이제 유튜브는 '김다래'에게 캠핑 영상을 한 번, 차량 리뷰 영상을 한 번, 바람막이 추천 영상을 한 번 추천해 줍니다. 이때 '김다래'가 캠핑 영상에 '좋아요'를 누릅니다.

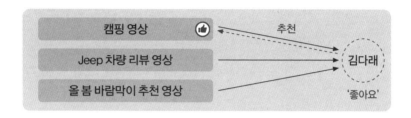

그러면 유튜브는 다시 다른 영상들을 추천합니다. '김다래'가 이번에는 다음 두 영상에 '좋아요'를 누릅니다.

구글은 컴퓨터, 스마트폰, 스마트워치, 인공지능 스피커를 비롯해 이들과 연동된 거의 모든 기기에서 '김다래'가 검색하고 클릭하는 정보를 모두 수집합니다. 우리가 '발렌타인데이 선물'을 한 번 검색하면 그 후로 '발렌타인데이'나 '선물' 관련 광고가 끊임없이 따라다니는 것을

경험했을 것입니다. 이는 프로그램이 우리가 검색하는 모든 내용을 '정보'로 수집하고 데이터베이스를 구축한 결과입니다. 이처럼 무심코 '좋아요'를 눌렀을 뿐인데, 알고리즘은 이미 한 사람의 취향을 정확히 파악해 냈습니다.

그렇다면 '김다래'에게 제가 열심히 만든 '가죽 공예' 영상이 추천될 확률은 얼마나 될까요? 솔직히 말씀드리면 매우 낮습니다. 설사 추천된다 하더라도 관심 분야가 아니기에 클릭할 가능성도 거의 없겠죠. 이것이 바로 우리가 알고리즘의 작동 방식을 이해해야 하는 핵심적인 이유입니다.

무의식적 클릭을 이끌어 내는 방법

〈레베기의 이상한 아뜰리에 LEBEGI〉 유튜브 채널에는 〈새들스티치(손바느질)하는 방법〉과 〈완벽한 카드지갑 만들기〉라는 영상이 있습니다. 제목만 봐도 가죽 공예 영상이 틀림없습니다. 그럼 '캠핑'을 좋아하는 '김다래'에게 유튜브가 이 영상들을 추천할 확률은 얼마나 될까요? 설령 추천한다 하더라도 김다래가 그 영상을 클릭할까요? 간혹 호기심에 어쩌다 한 번쯤 클릭할 수도 있겠지만, 그마저도 매우 드문 일이겠죠. 그렇다고 해서 '김다래'가 가죽 공예를 싫어하는 것은 아닐 겁니다. 단지 관심이 없기 때문에 클릭하지 않을 뿐입니다.

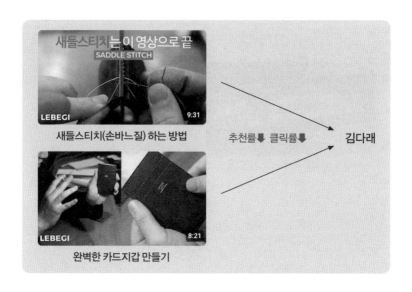

이번에는 '가죽으로 냉장고 만들기'라는 제목으로 영상을 올렸다고 가정해 보겠습니다. 아마 이 영상 역시도 '김다래'에게 추천 혹은 클릭될 확률은 매우 적습니다. 그런데 만약 제목을 다음과 같이 정했다면 어떨까요?

캠핑을 위한 작은 캔맥주 냉장고 만들기

이 영상이 '김다래'에게 추천될 확률은 바느질 영상보다는 훨씬 높을 것입니다. 섬네일과 제목만으로는 이것이 가죽 공예 영상이라는 것을 전혀 알 수 없기 때문이죠.

바느질 방법을 알려 주는 영상은 가죽 공예를 좋아하는 사람이나 바느질에 관심 있는 사람들에게는 유용한 콘텐츠입니다. 하지만 이는 타깃층이 제한적이라는 의미이기도 합니다. 여기서 주목해야 할 점은 해당 영상을 시청할 표본 집단의 범위를 넓혀야 한다는 것입니다. 이 범위는 넓으면 넓을수록 좋습니다. 가죽 공예와 전혀 관련이 없거나 관심이 없는 사람들도 영상을 볼 수 있게 만드는 것이죠. '김다래'처럼 가죽 공예에는 관심이 없더라도 '캠핑'이나 '캔맥주 냉장고'와 같은 키워드에 끌려 영상을 클릭할 가능성이 높아지도록 말입니다.

표본 집단을 넓히는 것의 중요성

처음 〈레베기의 이상한 아뜰리에 LEBEGI〉 채널을 개설했을 때만 해도 단순히 가죽 공예 강의 콘셉트의 영상을 업로드했습니다. 하지만 조회수는 지독히도 나오지 않았습니다. 무엇이 문제였을까요? 바로 타 깃층의 범위가 너무 좁았던 것입니다. 당시에는 그 이유를 잘 깨닫지 못했습니다. 그러나 점차 유튜브 알고리즘의 원리를 이해하게 되었고, 그제서야 폭넓은 타깃층을 끌어들일 수 있는 주제에 가죽 공예를 접목 하는 방법을 고민하기 시작했습니다.

가죽 공예에 관심 있는 사람이 100명이라고 가정해 봅시다. 아무리 가죽 공예 영상을 열심히 잘 만들어도 관심을 가질 만한 사람은 100명 에 불과합니다. 게다가 그 100명 모두가 실제로 영상을 보는 것도 아 니겠죠. 우리는 100명만 관심 있는 주제보다는 1,000명이 관심 있는 것을 해야 합니다. 당연히 1,000명보다는 1만 명이 더 좋겠죠.

그렇다면 고작 100명만이 관심을 가질 가죽 공예 주제를 어떻게 다 루어야 할까요? 바로 1만 명이 좋아할 만한 주제를 가죽 공예에 접목 시키는 것입니다. 가죽 공예에 전혀 관심이 없던 사람들도 이 콘텐츠 를 통해 가죽 공예의 새로운 매력에 빠져들 수 있게 만드는 거죠.

"와, 가죽 공예로 이런 것도 할 수 있구나!"

↓

"가죽 공예 정말 매력적이다."

↓

"나도 배워 보고 싶다."

앞에서 예로 든 것처럼 가죽 공예보다 더 넓은 범위의 '캠핑'이라는 주제를 선택하고 그 안에서 가죽으로 제품을 만드는 과정을 보여 주면 위와 같은 흐름을 자연스럽게 만들어 낼 수 있습니다.

이제는 여러 플랫폼이 단순 검색에서 알고리즘 기반의 추천 방식으로 변화하면서 사람들이 좋아할 만한 영상을 만들면 자동으로 추천되는 구조가 형성되었습니다. 가죽 공예와 같은 비주류 분야라 하더라도 주류 분야의 주제를 잘 녹여내기만 하면 충분히 많은 추천을 받을 수 있는 시스템이 구축되었다는 뜻이죠. 즉, 콘텐츠만 잘 만들면 내가 좋아하는 분야가 이른바 '떡상'(인터넷 신조어로 어떤 콘텐츠가 갑자기 큰 인기를 끌거나 빠르게 주목받아 인지도가 급격히 상승하는 것을 의미)할 수 있습니다. 특정 분야에서 전문 기술과 재능을 가진 사람들에게 이보다 더 좋은 기회는 없을 것입니다.

06

나만의 기술을
성공적인 콘텐츠로

기술이란 '어떤 것을 잘 만들거나 고치고 다루는 뛰어난 능력'을 말합니다. 혹은 '어떤 일을 전문적으로 할 수 있는 능력'을 뜻하기도 하죠. 그렇다면 이런 기술을 가진 사람들은 어떻게 수익을 창출할까요? 대부분은 다음 세 가지 범주에 속할 것입니다.

> 1. **직접 제품을 만들어서 판매**
> 2. **기술로 서비스 제공**
> 3. **기술을 직접 교육**

'1. 직접 제품을 만들어서 판매'는 가장 직접적인 방식으로, 가령 가죽 소품이나 가방 등을 직접 제작해 판매하는 것입니다. '2. 기술로 서비스 제공'은 가죽, 미용, 수선/수리, 리폼 등 자신의 기술을 서비스 형태로 제공하는 방식입니다. '3. 기술을 직접 교육'은 말 그대로 내가 가진 기술을 누군가에게 가르치는 것으로, 공방에서 클래스를 개설하거나 학원을 운영하는 등의 방식을 말합니다.

이제 여기에 새로운 수익 창출 방식을 하나 더 추가하고자 합니다. 이것이 바로 이 책의 핵심입니다.

4. 영상 콘텐츠 제작 후 유통 및 판매

과거에는 '4. 영상 콘텐츠 제작 후 유통 및 판매'가 단지 1~3번을 홍보하기 위한 수단에 불과했습니다. 하지만 지금은 4번 자체만으로도 수익을 낼 수 있는 플랫폼이 다양해졌습니다. 물론 예전에도 강의 영상을 제작해 유료 수강권을 판매하는 방식은 많았지만, 단순히 플랫폼에 업로드하고 누군가 시청하는 것만으로 수익을 얻을 수 있게 된 것은 유튜브에서부터 시작되었습니다. 게다가 그 수익 규모는 기존과는 비교할 수 없을 정도로 커졌죠. 영상 콘텐츠 자체를 하나의 독립된 상품으로 봐도 무방할 정도입니다.

29쪽에서 언급한 바 있는 음식점 예를 다시 한번 들어보겠습니다. 주인은 음식을 만들어 손님들에게 판매합니다. 이를 위해서는 엄청난 제반 비용이 필요합니다. 가게 임대료와 인테리어 비용은 물론, 각종 집기와 필요한 식재료 비용까지 끊임없이 들어가죠.

하지만 '4. 영상 콘텐츠 제작 후 유통 및 판매' 방식으로 내 요리 기술을 영상 콘텐츠로 만든다면 어떨까요? 음식점을 열 때 필요한 많은 제반 비용이 들지 않습니다. 자신이 가지고 있는 도구로 집에서 요리하는 모습을 보여 주며 레시피를 공개하기만 하면 됩니다. 누군가는 이 영상을 보고 '구독'과 '좋아요'를 누르고 댓글도 달아 줍니다. 조회 수가 높아지면 그것이 수익으로 연결될 수 있습니다.

물론 어떤 사람들은 이렇게 말할 것입니다.

"괜찮아, 난 가게를 열고 사람들한테 내가 요리한 음식을 직접 팔아 돈을 벌 거야!"

맞습니다. 기존 방식이 틀렸다는 것은 아닙니다. 다만 이제는 똑같이 음식을 만들면서 다른 방법으로 수익을 창출하는 사람들이 많아졌다는 것입니다. 영상으로 보면 그 음식이 맛이 있는지 없는지 시청자들은 알 수 없습니다. 당연히 먹어 볼 수가 없으니까요. 하지만 이렇게 만든 음식을 예쁘게 세팅해 놓고 심지어 맛있게 먹기까지 한다면? 이것 만으로도 충분히 가치 있는 콘텐츠가 됩니다.

왜 제조가 힘들까?

제조 과정의 어려움을 가죽 공예를 예로 들어 설명해 드리겠습니다. 저는 현재 가죽 공예를 하고 있지만 사실 이것이 제 전문 분야는 아닙니다. 본래 저는 반려동물 관련 사업이 전문 분야였고, 그 과정에서 가죽을 다루게 되었을 뿐입니다. 그러다가 공예 시장에 직접 뛰어들어 보니 현실은 매우 험난했습니다. 크게 세 가지 문제가 있었습니다.

첫째, 수작업의 가치를 인정해 주는 소비자를 찾기가 쉽지 않습니다.

예를 들어, 숙련된 장인이 수작업으로 카드 지갑 하나를 만드는 데에는 4시간이 걸립니다. 초보자의 경우에는 8시간까지도 걸립니다. 이렇게 정성들여 만든 카드 지갑의 가격은 보통 10만 원 선, 운이 좋으면 10만 원보다 비싸게 팔기도 하지만 그 이하로 파는 경우도 많습니다.

하지만 소비자들 입장에서 이 가격을 이해하기는 쉽지 않습니다. 유명 브랜드도 아니고 널리 알려진 공방도 아닌데 카드 지갑이 10만 원이라니요. 제작자 입장에서는 각종 재료비, 인건비, 시간당 공임 비용 등을 종합해 정당한 비용이라고 생각하며 가격을 책정하겠지만 안타깝게도 이러한 수작업의 가치를 이해하고 인정해 주는 소비자를 찾기

란 쉽지 않은 것이 현실입니다.

제품 제작/판매

카드 지갑
핸드메이드
3~4시간
100,000원

둘째, '핸드메이드' 시장이 침체되었습니다.

'핸드메이드'라는 단어가 품질 저하를 가리기 위한 변명으로 사용되면서 시장을 위축되게 만들었습니다. 우연히 블로그나 인스타그램에 올려 놓은 판매자들의 제품 설명을 보면서 충격을 받은 기억이 있습니다.

"핸드메이드라 바느질이 삐뚤삐뚤할 수 있습니다."

이게 과연 마땅한 이유가 된다고 생각하는 걸까요? 이는 제품의 완성도를 스스로 깎아내리는 행위나 다름없습니다. 소비자가 이런 문구를 본다면 제품을 받자마자 바느질이 얼마나 삐뚤삐뚤한지부터 찾아보겠죠. 더 안타까운 점은 많은 작업자들이 '핸드메이드'라는 단어를 품질 저하에 대한 변명으로 사용하면서 핸드메이드 시장 전반의 품질과 신뢰도가 떨어졌다는 것입니다. 결국 이런 안일한 태도가 전체 핸드메이드 시장의 쇠퇴를 초래하고 말았습니다.

셋째, 핸드메이드 제품의 장점을 살리기 힘듭니다.

사실 핸드메이드 제품은 디자인이 다양하지 않습니다. 유심히 보면 대부분의 제품이 비슷한 패턴을 반복하고 있습니다. 단지 주문을 받은 뒤 제작하는 방식일 뿐입니다. '주문 후 제작'은 고객 입장에서 봤을 때 대량 생산된 공산품과는 달리 '나를 위해 특별히 제작된' 제품이라는 기대감을 가지게 할 수는 있겠지만, 제작자 입장에서 보면 재고 부담을 줄이기 위한 선택입니다. 소비자가 뭘 만들어 달라고 할지 모르기 때문에 가죽을 대량으로 사 놓을 수 없기 때문이죠.

"핸드메이드이므로 주문 후 2주 정도 소요됩니다."

판매자들이 흔히 사용하는 문구입니다. 하지만 가죽 구매에 일주일, 수작업으로 자르고 바느질하는 데 4시간이 걸린다는 이유만으로 소비자에게 2주를 기다리게 하고 10만 원이라는 높은 가격을 받는 것은 현실성이 떨어집니다. 물론 많은 주문량에 실제로 기다려야 하는 경우도 있겠지만 개인 제작자 대부분은 제작 시간 자체가 오래 걸리는 경우가 많습니다. 게다가 플랫폼 몇 개만 뒤져 보면 거의 비슷한 패턴, 비슷한 디자인이 수두룩하게 나오는데 말이죠. 이런 방식으로는 수익을 기대하기도 어려우며, 결과적으로 시장의 발전을 저해하는 요인이 되고 있습니다.

기술을 가진 사람들이 작업 시간을 줄이고 가격도 낮춰 수익을 내려면 시스템화된 공정이 필요합니다. 즉, 대량 생산을 통해 생산 단가를 낮추고, 외주 제작이나 봉제 공장 활용으로 제작 시간을 단축해 합리적인 가격에 제품을 공급해야 합니다. 하지만 현재 많은 공방들이 이러한 시스템을 갖추려고 하지 않은 채 기술력만으로 운영하다 보니, 수익은커녕 유지조차 어려운 경우가 많습니다.

결국 핸드메이드의 '주문 후 제작' 시스템은 나만의 제품을 장인이 직접 정성스럽게 만든다는 스토리와 가치를 줄 수 있음에도 불구하고 긴 제작 기간 동안의 기다림, 높은 가격, 비슷비슷한 디자인, 품질의 일관성 부족이라는 단점만 부각되고 있는 것이 현실입니다.

영상은 콘텐츠의 최종 목적지다

앞에서 말한 '4. 영상 콘텐츠 제작 후 유통 및 판매'에 대한 의미를 분명히 깨닫고 넘어가야 합니다. 이제는 내가 가진 기술로 단순히 제품을 만들거나 서비스를 제공하는 데 그치는 시대가 아닙니다. 과거의 제조 방식에서는 시간과 노력을 들여 하나의 제품을 완성하고, 그것을 판매하는 순간 그 가치 창출 과정이 종료되었습니다. 하지만 영상 콘텐츠는 다릅니다. 한 번 제작된 영상은 플랫폼에 남아 지속적으로 새로운 시청자를 만나고, 광고 수익을 창출하며, 여러분의 브랜드를 알리는 역할을 합니다. 마치 영구적이고 거대한 전시장을 가지고 있는 것처럼 말이죠.

누군가 요리 영상을 보면서 '예쁘다', '맛있겠다', '먹고 싶다'라고 생각하는 그 자체가 이미 하나의 소비 행위가 된 것입니다. 그 음식을 먹은 것과 마찬가지죠. 영상 속에서는 단 한 그릇의 음식만 만들었지만 100명, 10만 명, 심지어 며칠 만에 100만 명이 봤다면 그 음식은 100명, 10만 명, 100만 명이 소비한 것입니다. 목수는 책장 하나를 만들어 한 명의 고객에게 판매하는 대신, 그 책장을 만드는 과정을 영상으로 담아 수만 명에게 보여 줄 수 있습니다. 프로그래머는 한 회사를 위한 솔루션을 개발하는 대신, 코딩 과정과 노하우를 전 세계의 개발자들에게 전수할 수 있습니다.

유튜브가 이 모든 것을 가능하게 만들었습니다. 다양한 기술을 가진 사람들은 그만큼 보여 줄 수 있는 게 더 많지 않을까요? 심지어 유형의 제품을 만드는 기술이 없더라도, 말하기에 능숙하다면 그것만으로도 충분히 가치 있는 콘텐츠를 만들 수 있습니다. 지식을 전달하는 교육 콘텐츠, 세상을 바라보는 독특한 관점을 담은 에세이 형식의 영상, 또는 단순히 일상을 재미있게 말로 풀어내는 브이로그까지. 말하기라는 '기술'만으로도 무한한 콘텐츠의 가능성이 열려 있습니다. 몸으로 표현하는 건 또 어떻습니까? 우리는 이미 홈트레이닝, 요가, 춤 등을 유튜브로 소비하고 있고, 이러한 기술을 가진 사람들은 유튜브에서 엄청난 가치를 창출하고 있습니다. 그래서 기술이 있다면 일단 유튜브를 시작하라는 것입니다.

▶ YouTube KR

예전에는 개인이 어떤 콘텐츠를 만든다고 하면 단순히 텍스트와 이미지를 혼용하는 수준이었지만, 이미 영상의 영향력이 압도적으로 커졌다는 건 누구나 아는 사실입니다. 최근에는 AI 기술의 발전으로 영상 제작이 훨씬 쉬워졌고, 조금만 노력하면 누구나 쉽게 고품질의 콘텐츠를 만들 수 있게 되었습니다. 전문적인 편집 기술이 없어도 AI 도구들을 활용하면 매력적인 영상을 제작할 수 있습니다.

그래서 저는 개인이 수익을 목적으로 유통할 수 있는 콘텐츠는 영상이 최종 단계라고 생각합니다. 지금 시대에는 영상 콘텐츠를 만드는 능력이 반드시 필요합니다. 하루라도 빨리 익히는 것이 그만큼 유리합니다. AI 기술은 계속해서 발전하고 있고, 이는 우리가 더 빠르고 쉽게 영상을 만들 수 있게 도와줄 것입니다. 그러니 다른 것에 신경 쓰지 말고 지금은 영상 제작에만 집중하면 됩니다.

07

유튜브를
한다는 것

'프로pro'란 단순히 어떤 분야에서 뛰어난 기술이나 지식을 가진 사람을 의미하지 않습니다. 사전적 의미는 '전문적으로 한 분야에서 돈을 받고 일하는 사람'입니다. 프로와 아마추어의 가장 큰 차이가 바로 이 '돈'에 있습니다. 소비자가 기꺼이 돈을 지불할 의향이 있는 수준의 제품이나 서비스를 제공할 수 있어야 비로소 프로라고 할 수 있습니다.

프로 VS 아마추어

운동 선수는 프로 구단에 입단하면서 연봉이 책정됩니다. 몸값입니다. 공예가나 헤어 디자이너 등도 마찬가지입니다. 연차와 직위, 기술

숙련도, 인기에 따라 각각 다른 금액이 책정됩니다. 분야를 막론하고 프로라면 일정 수준 이상의 품질을 꾸준히 유지할 수 있어야 합니다. 그날그날의 기분이나 상황에 따라 결과물이 크게 달라져서는 안 되며, '비용을 지불하고 믿고 맡길 수 있는 수준'이라는 기준을 반드시 지켜야 합니다.

일주일에 한 번 마감해야 하는 웹툰 작가를 생각해 봅시다. 보통 아마추어 작가는 만족스러운 작업물이 나올 때까지 시간을 오래 들여 '이 부분은 터치가 미숙하고, 저 부분은 색감이 마음에 들지 않는다'며 계속해서 수정합니다. 자신의 기준에 맞춰 완벽을 추구하지만 마감 기한을 지키지 못하거나 작품의 완성도가 들쭉날쭉할 때가 많습니다. 독자보다는 자신의 만족이 우선인 셈입니다. 반면 프로 작가는 일정한 수준 이상의 품질을 유지하며 마감 기한도 철저히 지킵니다. 이런 점이 프로와 아마추어의 차이라고 생각합니다.

그런데 세상에는 의외로 진정한 프로가 많지 않습니다. 가죽 공예를 하면서 손재주 좋은 작가들을 만날 기회가 많았는데, 많은 사람들이 공방을 열고 자신이 만든 작품을 진열한 채 손님이 오기를 막연히 기다리고 있었습니다. 하지만 프로라면 단순히 '좋은 작품을 만드는 것'에 그쳐서는 안 됩니다. 작품의 완성도뿐만 아니라 적극적으로 자신과 자신의 작품을 알리고 소비자의 관심을 끌 수 있어야 합니다. 즉, 기다리기만 하지 말고 직접 소비자에게 다가가는 적극적인 태도가 진짜 프로의 자세라는 의미입니다.

특히 소규모 공예 분야에서는 뛰어난 실력만으로 소비자의 선택을 받기 어렵습니다. 자신의 기술이나 작품을 보다 효과적으로 홍보할 수 있는 능력, 다시 말해 자신의 기술을 '콘텐츠화'하여 시장에 다가가는 전략적 사고가 필요합니다. 지금의 시장에서는 이것이 진정한 프로로 살아남기 위한 필수 조건입니다.

영상도 하나의 제품이다

이제는 단순히 공방만 차려 놓는다고 성공할 수 있는 시대가 아닙니다. '꾸준히 성실하게 임하면 언젠가는 빛을 보게 된다'는 말은 더 이상 통하지 않습니다. 뛰어난 기술을 가지고 오랜 시간을 공들여 만든 작품이 한두 개 팔리는 데 그친다면 이대로는 지속 가능한 사업을 유지할 수 없습니다.

그렇다고 해서 제품을 만들지 말라는 뜻이 아닙니다. 오히려 그 귀한 기술을 활용하는 소중한 순간들을 콘텐츠로 기록하고 공유하자는 것입니다. 특히 유튜브는 콘텐츠 자체만으로도 수익이 발생하는 구조를 갖추고 있기 때문에 충분히 추가적인 수입을 창출할 수 있습니다. 물론 사람들의 관심을 끌 만한 매력적인 기술과 콘텐츠가 준비되어 있다는 전제하에서 말이죠.

유튜브를 한다는 것
콘텐츠를 만들어 내는 능력

따라서 어떤 제품을 하나 만든다면 그 제작 과정을 담은 영상 또한 하나의 제품이 될 수 있습니다. 가죽으로 만든 카드 지갑이든, 손으로 짠 머플러든, 직접 끓인 김치찌개든 그것을 영상으로 담아내면 그 콘텐츠는 모두 제품이 될 수 있습니다. 이러한 콘텐츠를 플랫폼에 올려서 100명이 시청했다면 이는 제품 100개가 소비된 것과 같습니다.

만약 유튜브를 본격적으로 시작하고자 한다면 프로다운 자세로 임하기 바랍니다. 유튜브 채널을 부차적인 도구가 아닌 하나의 독립된 사업처럼 바라보고 운영할 수 있어야 한다는 뜻입니다. 단지 다른 일을 주업으로 삼으면서 유튜브를 보조적인 수단 정도로만 생각한다면 차라리 시작하지 않는 것이 더 나을지도 모릅니다.

08

유튜브에서
유명해진다는 것

유튜브 채널을 운영하다 보니 의도치 않게 유명세를 실감할 때가 종종 있습니다. 단순히 유튜브 활동만 했을 뿐인데도 말이죠. 이제 이 유명세는 저에게 엄청난 무기가 되었습니다. 의도적으로 브랜딩하지 않았음에도 채널이 유명해지면서 저절로 팬층이 형성된 것입니다. 이런 팬들은 단순히 알고리즘을 통해 우연히 영상을 접한 시청자들과는 완전히 다른 존재입니다. 이제 이런 말들을 들을 수 있습니다.

"레베기 채널 알아? 진짜 기발하더라."
"얼마 전에 레베기의 이상한 아뜰리에 구독했어."
"레베기가 올리는 영상은 알림 설정해 놓고 뜨자마자 바로 봐."

구독자와 팔로워는 나의 팬

처음에는 팬이란 가수나 영화배우 같은 연예인들에게만 있다고 생각했습니다. 하지만 저에게도 팬이 생겼습니다. 바로 제 채널의 구독자와 팔로워들입니다. 이들은 단순한 시청자 이상으로, 제 비즈니스에도 큰 도움을 주고 있습니다. 팬층이 늘어날수록 별다른 노력을 들이지 않아도 자연스러운 마케팅이 이루어지는 것을 매일 같이 체감하고 있습니다.

팬을 확보하는 것
구독자, 팔로워

예전에 반려동물 사업을 할 때는 네이버 키워드 광고에 엄청난 광고비를 투자했습니다. 이용자들이 네이버에서 관련 키워드를 검색하거나 연관성 높은 페이지를 방문할 때 제가 운영하는 사이트로 바로 연결되도록 하기 위해서였죠. 하지만 유튜브에서는 단 한 번도 광고비를 쓴 적이 없습니다. 그저 꾸준히 영상 콘텐츠를 만들어 올리다 보니 자연스레 사람들이 알게 되었고, 유명세를 타면서 마케팅이 저절로 이루어기 시작했습니다.

더욱 놀라운 것은 제가 유튜브 콘텐츠 관련 오프라인 세미나를 열면 많은 분들이 기꺼이 참가비를 내고 멀리까지 찾아와 주신다는 것입니다. 과거에는 그토록 마케팅에 공을 들였는데 이제는 비용을 들이지 않아도 이렇게 수월해진 것입니다.

제 채널의 구독자들이 만들어 준 파워를 실감한 특별한 경험이 있습니다. 반려동물 사업을 하던 시절, A백화점과 협업하기 위해 수많은 제안서를 보내는 등 온갖 노력을 기울인 적이 있습니다. 그런데 레베기라는 이름이 알려지자 어느 날 A백화점에서 먼저 연락이 왔습니다.

그렇게 시작된 A백화점과의 협업을 시작으로 S전자와 유명 자동차 브랜드 M사 등 기업 대 개인으로 협업하는 일이 점점 늘어났습니다. 구독자 수와 팔로워 수가 이토록 큰 영향력이 있다는 것을 이전에는 미처 알지 못했습니다. 거대 기업들이 한 개인에게 광고를 의뢰할 정도로 팬들이 만들어 준 파워가 대단해진 것입니다.

가죽 공예는 레베기지!

제 유튜브 채널이 유명하다고 해서 가죽 공예 분야의 최고 수준이라는 것은 결코 아닙니다. 오히려 저보다 더 오랜 경력과 뛰어난 기술을 가진 분들이 정말 많습니다. 그럼에도 사람들은 이렇게 말합니다.

"가죽 공예? 아, 레베기!"

왜 이런 현상이 일어날까요? 세상에는 제가 미처 모르는 숨은 고수들이 정말 많지만, 현재 가죽 공예 분야에서 영향력 있는 사람은 유튜브라는 거대한 플랫폼에서 47만 명에게 노출되는 '레베기'이기 때문입니다.

요식업계를 보면 이해가 쉽습니다. 요즘 '이연복'이나 '백종원'을 모르는 사람은 거의 없죠. 물론 이분들보다 더 요리를 잘하는 사람은 정말 많을 것입니다. 하지만 이 두 분의 레시피는 이제 하나의 기준이자 정답이 되었습니다. 이것이 바로 '영향력'입니다. 미디어 노출이 많은 사람이 그만큼 해당 분야를 주도할 가능성이 높아진 것입니다. 누가 먼저 시작했는지, 어떤 요리 학교를 나왔는지는 크게 중요하지 않습니다. 오히려 유튜브나 인스타그램 같은 거대 플랫폼 덕분에 차별 없는 경쟁이 가능해졌습니다.

제가 속한 공예 분야도 이런 방향으로 성장했으면 좋겠습니다. 요즘 10대, 20대 젊은 사람들은 공예를 취미로나 즐기지 직업으로 삼고 싶은 생각은 없다고 합니다. '공예가'의 세련된 모습을 보여 주는 사람이 많지 않다 보니 영향력도 크지 않고 왠지 돈도 많이 못 벌 것 같은 이미지도 있기 때문입니다. 하지만 여러분만의 특출난 기술이나 상품이 있다면 매력적인 콘텐츠로 만들어 꾸준히 공유해 보세요. 영향력이 커지면 사람들의 인식이 바뀌는 것은 시간 문제입니다.

09

난 유튜브 같은 건
안 합니다

제 주변에 공예 기술이 뛰어난 어떤 분은 앞으로도 '유튜브 같은 건' 절대로 하지 않겠다고 하십니다. 이는 마치 공방을 차려 놓고 손님만 하염없이 기다리는 경우와 비슷합니다.

"위치는 상관 없어. 실력이 있으면 사람들은 어떻게든 찾아 와."

"인테리어를 더 예쁘게 해 놓으면 올 거야."

"친절할수록 손님이 더 늘 거야."

…

"그래도 유튜브나 인스타그램 같은 거는 절대 안 할 거야."

난 유튜브 같은 건 안 합니다 • 075

어렵다는 건 핑계일 뿐

사실 유튜브를 꼭 해야 하는 것은 아닙니다. 하지만 '난 유튜브 같은 거 안 해'라는 말은 단순한 핑계에 불과합니다. 왜일까요? 여기에는 크게 두 가지 이유가 있습니다.

첫째, 명성 때문입니다.

각 분야에서 내로라하는 실력 있는 기술자들은 이미 오랜 시간에 걸쳐 쌓아 온 명성이 있습니다. 그래서인지 남들 말만 듣고 덜컥 유튜브를 시작했다가 도리어 문제가 생기지 않을까 걱정되기도 할 것입니다. 특히 자신의 기술에 대한 악플이나 비난을 받을까 두려워하는 마음이 클 수 있습니다. 오랜 시간 공들여 익힌 기술과 노하우, 작품들을 공개했는데, 익명의 누군가로부터 자신이 예상하지 못한 평가를 받을지도 모른다는 두려움도 크게 작용합니다. 사람들에게 평가받고 혹시나 비판을 받을지도 모른다는 막연한 불안감이 발목을 잡는 것입니다. 그리고 그것이 자신에게 위기로 돌아올까 두려워합니다.

둘째, 유튜브가 어렵다고 생각하기 때문입니다.

컴퓨터와 인터넷, 스마트폰, 심지어 인공지능까지 등장하면서 우리는 배워야 할 것들이 너무 많아졌습니다. 예전에는 식당에 가면 직원이 친절하게 주문을 받아주고 메뉴를 추천해 주었지만, 이제는 대부분의 식당에서 키오스크를 통해 주문해야 합니다. 메뉴 선택부터 결제까지 모든 과정을 스스로 처리해야 하죠. 키오스크 사용법을 모르면 식당에서 주문조차 어려운 세상이 되었습니다. 그런데 영상까지 만들어야 한다니, 부담이 될 수밖에 없습니다.

물론 기획, 촬영, 편집, 음성 녹음, 후보정 등 유튜브 영상 하나를 만드는 것이 쉽다고는 말씀드릴 수 없습니다. 하지만 일단 시작해 보면 생각보다 어렵지 않습니다. 시작이 다소 힘들 수는 있지만, 요즘에는 손쉬운 프로그램도 많고 AI 기술이 많이 발전해서 마음만 먹으면 누구나 할 수 있습니다. 시작도 해 보기 전에 겁부터 먹으면 정말 아무것도 못합니다.

경쟁률 100대 1의 진실

100대 1이라는 경쟁률은 얼핏 보면 굉장히 높아 보이지만 실상은 다릅니다. 어영부영 간만 보다 포기하는 90명을 제외하면 진지하게 열정을 가지고 꾸준히 노력하는 사람들은 10명도 채 되지 않죠. 정말 제대로 해 보겠다고 마음먹고 노력하면 5명 정도는 앞지를 수 있습니다. 결국 진짜 경쟁은 5대 1부터 시작된다고 봐도 무방합니다. 이는 장사든 유튜브든, 어떤 분야에서도 마찬가지입니다.

무슨 뜻인지 더 실감나게 말씀드리겠습니다. 유튜브에서 '가죽 공예' 키워드를 검색하고 검색 결과를 최신순으로 보면 자신의 작품을 판매하기 위한 영상들이 대부분입니다. 이는 아직도 많은 사람들이 유튜브를 단순한 판매 도구로만 활용하고 있다는 것을 보여 줍니다. 콘텐츠 자체로 수익을 창출하는 방향으로 나아가야 하는데, 이러한 생각의 전환이 쉽지 않은 듯합니다. 특히 공예 분야에서 이런 경향이 두드러집니다. 냉정히 말하자면, 이들이 바로 그 100대 1 경쟁률에서 95명에 해당하는 사람들입니다.

여러분은 어떤가요? 여전히 남들처럼 95명 중 한 명으로 남으시겠습니까?

경쟁률 100:1	→	경쟁률 100:1	→	경쟁률 5:1
90		95		
5				

유튜브 성공의 첫 단계는
숫자 1,000

유튜브를 진지하게 시작하기로 마음먹었다면 여러분은 지금부터 '1,000'이라는 숫자를 꼭 기억해야 합니다.

유튜브 홈 화면에 들어가면 검색하지도 않았는데 수많은 새로운 영상들이 무작위로 추천됩니다. 이 추천 영상들은 사용자마다 다르게 나타나며, 대부분 높은 조회수를 기록하고 있습니다. 이른바 '알고리즘 신', 즉 알고리즘의 선택을 받은 인기 영상들입니다. 이런 영상들을 자주 접하다 보면 조회수 수십만이 당연하게 느껴지지만, 처음부터 이런 숫자에 집착할 필요는 없습니다.

사실 1,000은 엄청난 숫자이다

우리는 종종 연예인의 뮤직비디오가 유튜브에서 며칠 만에 몇 천만, 1억 조회수를 기록했다는 뉴스를 접합니다. 그런 수치와 비교하면 조회수 1,000은 상대적으로 초라하게 느껴질 수도 있죠.

제가 커피 회사를 창업했다고 가정해 보겠습니다. 더치 커피 콜드브루를 파는 '레베기 커피'라는 회사입니다. 그런데 이런 회사가 존재한다는 사실을 과연 누가 알 수 있을까요? 네이버에서 '더치 커피'나 '콜드브루'를 검색해 보면 81쪽과 같은 결과가 나옵니다.

네이버 검색 결과의 최상단에 노출되는 '파워링크'가 바로 키워드 광고입니다. 커피 관련 키워드 광고 비용은 키워드당 70~1,300원 선입니다. 이는 계절에 따라서도 다른데, 특히 더운 날씨에는 더치 커피나 콜드브루 수요가 늘어나니 광고 단가도 상승합니다. 광고주가 네이버에 100만 원 정도를 예치해 두면 사용자가 광고를 클릭할 때마다 이금액에서 차감되는 방식입니다.

그렇다면 파워링크 목록에서 상위는 어떻게 차지할까요? 파워링크 순위는 일종의 입찰 경쟁으로 결정됩니다. 예를 들어, 목록에서 다섯 번째에 있던 업체가 클릭당 1,000원을 지불하고 있었다고 해 볼게요. 여섯 번째 있던 업체가 1,100원을 제시하면 순위가 뒤바뀌어 그 업체

가 다섯 번째를 제치고 위로 올라갑니다. 또한 키워드를 몇 개 구매하
는지에 따라서도 광고비가 달라집니다. 어떤 업체는 키워드를 두 개만
구매하고 어떤 업체는 열 개를 구매했다면, 당연히 키워드 열 개를 구
매한 업체가 그만큼 노출될 가능성이 훨씬 높아지는 것이죠. 만약 방

문자가 한 번 클릭할 때마다 네이버 계좌에서 차감되는 금액이 1,300원이라면 1,000번의 클릭으로 130만 원의 광고비가 발생합니다. 하지만 클릭한 모든 방문자가 제품을 구매하는 것은 아닙니다. 상당수의 방문자가 단순히 페이지만 둘러보다가 이탈할 수도 있죠. 그럼에도 불구하고 광고비는 클릭 수만큼 계속 지출됩니다.

1,300원 × 1,000원
＝1,300,000원

이를 마케팅 비용 관점에서 보면 상당한 손실이 발생할 수 있습니다. 광고비는 지속적으로 지출되지만, 그에 따른 확실한 구매가 보장되지 않기 때문입니다. 일반적으로 기업들은 총 매출의 7~10%를 마케팅 비용으로 책정하며, 공격적인 마케팅이 필요한 경우 12~13%까지 투자하기도 합니다.

만약 마케팅 비용이 매출의 10%라고 가정하면 130만 원의 광고비는 월 매출 1,300만 원이 필요하다는 계산이 나옵니다. 이는 연간 약 1억 5,000만 원의 매출을 의미합니다. 1,000명이 키워드 광고를 클릭했을 때 지출되는 130만 원은 실제 제품을 안 살지도 모르는 사람에 의해 지출되는 불확실한 투자인 셈입니다.

반면, 여러분의 영상을 1,000명이 시청했다고 생각해 보세요. 한 번의 조회는 곧 하나의 소비 행위라고 했죠? 이는 결과적으로 130만 원의 광고비를 절감하는 효과를 가져옵니다. 이것이 바로 1,000이라는 숫자가 지닌 실질적인 가치입니다. 그렇다면 100만, 1,000만 조회수가 가져올 경제적 가치는 말할 필요도 없겠죠.

그럼 10만이라는 숫자는 대체…

잠실 올림픽 주경기장은 수많은 가수들이 단독 콘서트를 열고 싶어 하는 꿈의 장소이기도 합니다. 좌석만 69,950석에 달하며, 스탠딩석까지 포함하면 최대 10만 명을 수용할 수 있습니다.

수많은 팬들로 가득 찬 잠실 올림픽 주경기장을 상상해 봅시다. 여러분이 만든 영상이 소위 '알고리즘 신'을 만나 조회수 10만을 기록했다면, 이 거대한 경기장을 가득 메운 관객이 모두 여러분의 영상을 본 것과도 같습니다. 구독자 10만 명은 이 경기장을 꽉 채운 팬들이 모두 여러분의 충성 팬이 된 것과 마찬가지죠.

제가 운영하는 〈레베기의 이상한 아뜰리에 LEBEGI〉 채널의 구독자는 47만 명에 달합니다. 이는 잠실 올림픽 주경기장을 네 개 이상 가득채울 수 있는 규모입니다. 이런 사실을 떠올리면 저는 밤중에도 깜짝놀라 잠에서 깰 때가 있습니다.

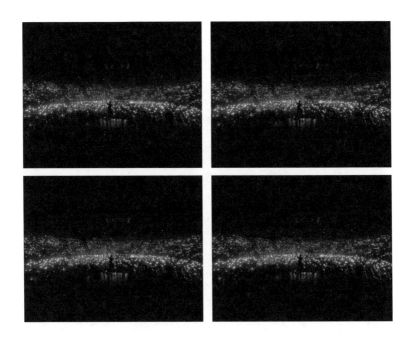

제가 이렇게 큰 규모의 채널을 만들게 될 거라고는 처음부터 예상하지 못했습니다. 그렇기에 여러분도 충분히 해낼 수 있다고 자신 있게 말씀드립니다. 유튜브가 부담스럽게 느껴진다면 인스타그램처럼 좀 더 친근한 플랫폼부터 시작해 보세요. 그리고 구독자 1,000명이나 조회수 1,000회 등 작은 목표부터 세우는 겁니다. 앞서 설명드린 것처럼 1,000이라는 숫자가 얼마나 대단한지 그 놀라운 가치를 여러분도 꼭 한 번 경험해 보시길 바랍니다.

PART 02에서는 〈레베기의 이상한 아뜰리에 LEBEGI〉가 47만 구독자와 만나게 된 비결을 구체적인 영상 제작 과정과 함께 자세히 이야기해 보겠습니다.

이해되셨나요? 끝! 됐지?

PART
02

모두에겐
처음이 있다

II

.

유튜브를 한다고?
실패할 확률 100%

2019년 2월 21일, 저의 첫 영상이 유튜브에 업로드되었습니다. 당시에는 저도 유튜브에 관한 아무런 지식이 없었기에 특별한 계획 없이 무작정 촬영하고 올렸던 것으로 기억합니다. 다만, '어떤 콘셉트로 할까'라는 고민은 늘 하고 있었죠.

그때 제가 올린 첫 영상입니다.

제　목 제대로된 가죽공예는 이제부터
조회수 2.9만 회
날　짜 2019년 2월 21일

잘하는 것을 그냥 잘하기만 하면, 실패!

　당시 제가 선택한 콘셉트는 아주 심플했습니다. "내가 가죽 공예 좀 잘하니까 알려줄게"라는 식이었죠. 기술에 대한 자신감은 충만했거든요. 그래서 제 손기술을 자세히 보여 줄 수 있도록 클로즈업 촬영을 하고, 말로 직접 설명하면서 작업하는 형식의 영상을 만들어 보았습니다. 지금은 흔한 형태가 되었지만 당시 공예 분야에서는 이런 형식의 영상을 찾아보기 힘들었습니다.

　여기에 비트가 빠른 BGM과 짧은 컷 편집을 선택했습니다. 그 당시 유사한 해외 유튜브 영상을 보면 조용히 작업하는 과정을 쭉 보여 주거나 실제 작업하는 소리를 강조한 ASMR 형식의 영상이 주를 이뤘습니다. 하지만 저는 그런 방식이 크게 와닿지 않았어요.

가죽 공예는 제작 과정에 많은 시간이 소요되고 단순 반복적인 작업이 많아 이른바 '장인 정신'이 필요합니다. 물론 제작자 입장에서는 당연한 거지만, 시청자들이 과연 이 지루하고 긴 작업 과정을 처음부터 끝까지 볼 필요가 있을까 하는 생각이 들었습니다. 시청자들까지 장인 정신의 마음으로 영상을 볼 필요는 없다고 판단했죠.

레퍼런스의 틀 깨기

공예 분야 채널을 처음 시작할 때는 보통 같은 분야의 다른 채널들이나 콘텐츠를 참고하게 됩니다. 이를 '레퍼런스Reference'라고 합니다.

가죽 공예 채널 ——————— Reference ——————— 가죽 공예 관련 채널

사실 이는 매우 초보적인 접근 방식이라고 생각합니다. 하지만 대부분의 사람들이 이런 방식을 선택하죠. 제가 가죽 공예 유튜브 채널을 시작하겠다고 했을 때 주변 사람 대부분이 하지 말라고 만류했습니다. 당시 유튜브에 있던 가죽 공예 영상들이 대부분 ASMR 형태여서 지루하다는 이유였죠. "우리는 그런 영상 안 본다"는 거였습니다.

틀린 말은 아니었습니다. 실제로 공예에 관심 없는 사람들에게는 크게 재미있을 리 없죠. 대부분 "저런 기술이 있네", "신기하네", "잘하네" 정도로 보고 넘어가는 경우가 많습니다. 심지어 그마저도 영상을 빨리 넘겨서 완성품만 보고 끝내버리는 경우가 대부분이고요.

저는 색다른 접근 방식을 시도해 보기로 했습니다. 제가 참고한 것은 바로 유명 셰프 고든 램지의 영상입니다.

당시 그의 영상을 500개 넘게 본 것 같습니다. 고든 램지의 영상들은 꼭 필요한 설명만 하면서도 화려한 요리 스킬들을 보여 주었는데, 특히 역동적인 카메라 움직임이 매우 인상적이었습니다. 빠른 전개, 때로는 초점이 맞지 않더라도 자연스럽게 흘러가는 영상의 흐름… 한마디

로 '힙Hip' 그 자체였습니다. 그때부터 저는 한 가지 생각에 몰두했습니다.

'어떻게 하면 내 가죽 공예 영상을 고든 램지의 요리 영상처럼 만들 수 있을까?'

이 두 분야의 교집합을 찾기 위해 정말 많은 고민을 했습니다. 요즘 시대에 완전히 새로운 것을 만들어 내기란 쉽지 않다고 생각합니다. 하지만 이런 방식의 접근이라면 이야기는 달라지죠. 공예를 한다고 해서 다른 공예 영상만 참고하면 분명히 한계가 있습니다. 하지만 전혀 생각지 못한 분야와 조합해 본다면? 이것이야말로 그동안 없었던 새로운 것이 되는 거죠.

그래서 저는 필요한 요소들을 하나씩 나열해 보기 시작했습니다. 먼저 역동적인 카메라 움직임을 위해 가능하면 삼각대 촬영을 피하고 직접 말로 설명을 해야겠다고 마음먹었죠. 여기에 빠른 배경 음악은 필수라고 판단했습니다. 지금은 쉽게 말하지만, 당시에는 차별화를 위해 정말 많은 노력을 기울였던 것 같아요.

물론 처음부터 조회수가 잘 나온 것은 아닙니다. 구독자 수는 10명도 채 되지 않았죠. 하지만 우연히 제 영상을 본 사람들이 신선하다고 느꼈는지 조회수와 구독자 수가 조금씩, 아주 조금씩 미미하게 늘어나기 시작했습니다.

그렇게 첫 영상과 비슷한 형식으로 두 번째 키링 영상을 업로드하고,

제 목 패턴없이 가장 심플한 투톤 가죽 키링 키홀더 만들기
조회수 4.2만 회
날 짜 2019년 2월 22일

세 번째 영상까지 만들었습니다. 이 모든 과정이 순조롭게 보일 수도 있겠지만 사실 한 영상을 촬영하는 데만 거의 일주일이 걸렸습니다.

제　목 반드시 봐야할 완벽한 가죽 카드지갑 만들기
조회수 25만 회
날　짜 2019년 2월 26일

I2

카메라 한 번
잡아 볼래?

영상을 보면 제가 앞서 말씀드린 요소들을 최대한 넣으려고 노력했던 흔적이 느껴질 것입니다. 당시 저는 캐논 60D라는 평범한 DSLR 카메라와 30mm 시그마 단렌즈만으로도 모든 걸 해냈습니다. 설명하는 장면도 찍고, 손기술을 보여 주는 장면도 하나하나 각도별로 따로 찍고⋯ 정말 정신없이 촬영했던 기억이 납니다.

네이버쇼핑 ⓘ   다른 사이트를 보시려면 클릭하세요 **다른 사이트 더보기**

캐논 EOS 60D
최저 **99,940원** ⤷무료

종류 DSLR카메라
등록 2010.08.
리뷰 ★4.8(5) · 30건
속성 용도별 : 중급자용 | 종류 : DSLR | 이미지센서 : APS-C(1:1.6크롭)
     | 감도(ISO) : 100~6400 | 유효화소수 : 1800만 | 최대연속촬영속
     도 : 5.3매 | 초점영역 : 9개

상품구성   제품정보   DataLab.

렌즈미포함   99,940원

카메라 무빙의 미학은 팀워크에서

삼각대 없이 역동적이고 다이나믹하게 촬영하려면 누군가가 직접 카메라를 들고 찍어 줘야 했습니다. 촬영자를 따로 섭외하거나 고용해야 하나라는 고민도 정말 많이 했습니다. 당시 저는 삼각대로 ASMR 영상을 찍느니 차라리 영상을 안 만들겠다고 고집할 정도로 역동적인 카메라 움직임에 집착하고 있는 상태였습니다. 그래서 고민했습니다.

'도와줄 사람이 어디 없을까?'

밤새도록 촬영해도 묵묵히 옆에서 도와줄 수 있는 사람, 나를 가장 예쁘게 찍어 줄 수 있는 사람, 게다가 좀 깐깐한 요구를 해도 들어 줄

수 있는 사람… 과연 그런 사람이 있을까? 그러다 한 사람이 딱 떠올랐습니다. 바로 주방에서 식사를 준비하고 계시던 어머니였죠. 그래서 넌지시 물어봤습니다.

"엄마, 카메라 한번 잡아 볼래?"

사실 카메라를 제대로 만져 본 적도 없는 어머니께 이런 촬영을 부탁한다는 게 말이 안 됐지만, '혹시 가능할지도…' 하는 생각에 무작정 설득하기 시작했습니다.

그날부터 본격적인 카메라 특훈이 시작됐습니다. 어머니에게 제가 그동안 봐왔던 고든 램지의 영상들을 거의 세뇌하듯이 보여 드리기 시작한 것입니다.

"내가 가죽을 이렇게 자르면 카메라를 여기서 여기까지 한번 움직여 봐."
"여기서는 이렇게 찍다가 내가 하나, 둘, 셋 하면 뒤로 확 빠져 줘."

이런 식으로 하나하나 디렉션을 지시하며 호흡을 맞춰갔습니다.

무無에서 유有를 만들어가는 과정이다 보니 첫 촬영에만 꼬박 일주일이 걸렸습니다. 영상 편집도 서툰 상태에서 작업하랴, 촬영 디렉션하랴, 정신이 없었죠. 새벽까지 촬영하고 나면 다음 날 오전부터 또 일을 해야 했으니 말 그대로 극한 노동이었습니다.

게다가 가죽 공예는 한 번 실수하면 처음부터 다시 만들어야 해서 더욱 신경 쓸 게 많았습니다. 공예의 특성상 중간에 실수가 생기면 그 부분만 따로 다시 찍을 수도 없었거든요. 모든 디테일이 카메라에 그대로 드러나니까요.

우여곡절 끝에 첫 세 개의 영상을 촬영하고 편집해서 업로드까지 완료했을 때는 정말 기분이 좋았습니다. '조회수가 잘 나와야 할 텐데', '구독자가 많이 늘어야 할 텐데'라는 걱정보다는 완성도 있는 영상을 만들어 냈다는 뿌듯함이 훨씬 더 컸거든요.

업로드, 그리고 뜻밖의 문제

하지만 영상을 업로드하고 나서야 심각한 문제를 발견했습니다. 바로 '초점Focus' 문제였습니다. 제가 사용하던 30mm 시그마 단렌즈는 수동으로 초점을 맞춰야 하는 렌즈였습니다. 다이나믹한 촬영을 위해서는 실시간으로 초점을 조절하면서 찍어야 하는데, 문제는 카메라를 들고 계신 어머니께서 그걸 하실 수 없다는 점이었죠. 당시에는 이런 문제를 전혀 예상하지 못했습니다. 심지어 제가 쓰던 카메라는 원래 사진 촬영이 주목적이고 영상 기능은 부가적으로 탑재된 것이라 영상 촬영 기능이 많이 부족했습니다. 요즘 카메라에는 기본으로 탑재된 자동 초점 기능도 없었던 겁니다. 게다가 어머니께서 연세가 있다 보니 작은 카메라 LCD 화면으로 초점이 제대로 맞았는지 판단하기도 어려우셨고요.

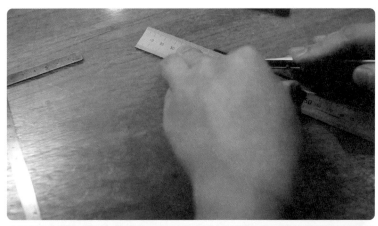

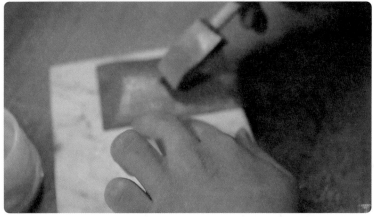

영상을 편집하면서 정말 큰일났다는 생각이 들었습니다. 중요한 장면들이 대부분 초점이 맞지 않아 거의 쓸 수 없는 상황이었죠. 하지만 달리 방법이 없었습니다. 결국 초점이 맞지 않는 장면들도 어쩔 수 없이 넣어서 업로드할 수밖에 없었습니다. 그러자 얼마 없는 댓글마저 초점 문제로 혹평이 쏟아지기 시작했습니다.

"초점을 좀 잘 맞추셔야 할 듯 ㅠㅠ 눈 아파요 ㅠㅠㅠㅠ"

"아, 초점… 눈 너무 아픔"

"저는 좀 멀미나네요ㅋㅋ"

"카메라가 흔들려서 어지럽다… 신기해서 계속 보는데 멀미남ㅋㅋ…"

사실 위 댓글들은 나름 순한 댓글만 필터링해서 보여 드린 것이고, 실제로는 "멀미난다", "눈 아프다", "병원비 달라", "너 때문에 어지러워서 다른 영상을 못 보겠다" 등 훨씬 더 심한 반응들이 많았습니다.

이 문제는 반드시 해결해야 했습니다. 그렇다고 해서 '카메라 감독님(어머니)'을 교체하는 건 절대 불가능한 일이었습니다.

새로운 장비 구입

그래서 고심 끝에 내린 결론은 카메라를 바꾸는 것이었습니다. 당시 캐논 M5 중고가가 40~50만 원 정도였던 걸로 기억합니다. 출시된 지는 꽤 오래된 모델이었지만 제게는 딱 맞는 카메라였죠. 아주 작고 컴팩트한 크기에 자동 초점 기능도 있고 영상 촬영에 더 특화되어 있어서 망설임 없이 구매했습니다.

특히 가장 중요하게 고려한 건 무게였습니다. 어머니가 힘들지 않게 촬영하실 수 있도록 가벼운 카메라를 최우선으로 고려했습니다. 여기에 자동 초점만 잘 된다면 다른 건 크게 신경 쓰지 않았습니다.

지금 생각하면 정말 탁월한 선택이었습니다. 영상의 품질이 확실히 좋아졌거든요. 재미있는 것은 현재까지도 이 카메라를 사용하고 있다는 겁니다. 많은 분들이 제가 어떤 카메라를 사용하는지 물어보시는데, 이렇게 오래된 모델을 아직까지 사용하고 있다고 하면 다들 놀라곤 합니다.

그만큼 저에게는 정말 만족스러운 카메라입니다. 물론 이제는 좀 더

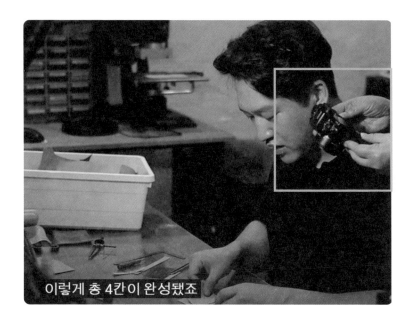
이렇게 총 4칸이 완성됐죠

좋은 카메라를 갖고 싶은 욕심이 생겨서 고민 중이기는 합니다.

제 초창기 영상과 지금의 영상을 비교해 보면 마치 다른 카메라로 찍은 것처럼 영상미가 많이 달라져 있습니다. 하지만 이는 편집과 촬영 실력이 늘어난 덕분이지 카메라도, 촬영하는 사람도 그대로입니다. 그 영상미 덕분에 카메라 매거진에도 소개되는 기회도 얻었습니다.

카메라를 교체한 이후부터는 촬영이 훨씬 수월해졌습니다. 덕분에 전보다 더 과감한 시도들을 많이 할 수 있었죠. 적절한 하드웨어의 선택이 얼마나 중요한지 다시 한번 실감하게 된 계기였습니다.

잠깐만요!

유튜브를 처음 시작한다면, 다음 세 가지를 명심하세요.

1. **다양한 채널 참고하기:** 여러 채널을 분석하여 시청자의 관심을 끌수 있는 나만의 영상 스타일을 구상해 보세요.

2. **일단 시작해 보기:** 영상 제작을 위한 전문 기술이나 장비가 부족하더라도 일단 촬영하고 업로드해 보세요. 기술은 늘고 장비는 차차 업그레이드하면 되니까요.

3. **악플(비판)을 두려워하지 않기:** 시청자들의 악플(비판)을 두려워하지 말고, 이를 성장의 기회로 삼아 보세요.

13

열심히 했지만
저조한 성과

지금 보니 초창기 열정이 대단했네요. 한 달 반 만에 무려 여덟 개의
영상을 업로드했으니까요.

제　목 오래된 버버리 시계줄이 전혀 다른
　　　느낌의 시계줄로 탄생
조회수 8.8만 회
날　짜 2019년 3월 2일

제　목 러블리한 봄날의 가죽 베스파 키홀
　　　더 만들기
조회수 3.7만 회
날　짜 2019년 3월 7일

제 목 가죽으로 유튜브 로고, 구독 버튼
     만들기
조회수 4.6만 회
날 짜 2019년 3월 13일

제 목 가죽으로 유튜브 좋아요 버튼 만
     들기
조회수 1.4만 회
날 짜 2019년 3월 17일

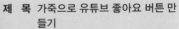

제 목 귀여운 원숭이 가죽 카드 지갑 만
     들기
조회수 4.2만 회
날 짜 2019년 3월 24일

제 목 당장 여행가고 싶은 가죽 여권지
     갑 만들기
조회수 6만 회
날 짜 2019년 3월 31일

더 이상 늘 것 같지 않았던 구독자 111명

다음 그래프를 보면 ▶가 있는 부분이 영상을 업로드한 날입니다.
여덟 개 영상 모두 하루 기준 총 조회수가 20회, 13회 등으로 정말 저
조했죠.

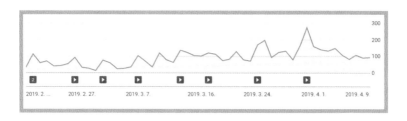

지금 기준으로 보면 '망했다'고 할 수 있겠지만 돌이켜 보면 오히려 자연스러운 과정이었다는 생각이 듭니다. 하지만 당시에는 들이는 노력에 비해 성과가 너무 미미하다고만 생각했죠. 영상을 8~9개나 올렸는 데도 구독자는 고작 110명에 머물러 있으니 더 이상 늘지 않는 것처럼 보였습니다.

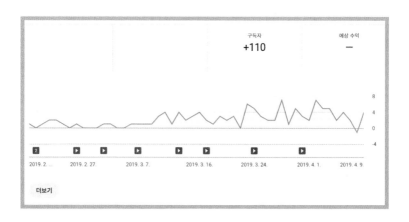

영상 제작만으로도 재미있긴 했지만, 솔직히 성과 역시 어느 정도 기대도 품고 있었습니다. 최소한 구독자 몇백 명 정도는 금방 모을 수 있

을 거라 생각했거든요. 하지만 현실은 냉정했죠.

'도대체 뭐가 문제일까?'

매일같이 밤을 새며 촬영하고 편집하는 것에 비해서는 너무도 초라한 결과니까요. 그러다 보니 흥미가 훅 떨어지기 시작했습니다. 돈을 벌기 위해 유튜브를 시작한 건 아니기에 수익보다는 구독자 수와 조회수가 너무 저조한 게 가장 실망스러웠습니다. 게다가 유튜브에 대한 의욕은 꺾이고 있는데 반해 당시 제가 운영하던 블로그는 꽤 잘 되고 있었거든요. 그러다 보니 자연스레 이런 생각이 들었죠.

'유튜브는 나와 맞지 않나 보다.'
'내가 만든 영상에 사람들이 흥미를 못 느끼는 것 같아.'
'나는 아무래도 사진과 글을 조합한 블로그가 더 잘 맞나 봐.'

그렇게 흥미를 잃고 영상 업로드를 중단하게 됐습니다. 유튜브 자체에 대한 흥미도 떨어져서 다른 영상들도 잘 보지 않게 됐고요. 유튜브를 시작하기 전처럼 네이버 블로그나 카페의 글들을 보는 게 더 즐거웠습니다.

뜻밖의 상황, 다시 떠오른 열정

그렇게 1년이 지나 평범한 일상을 보내던 어느 날, 까맣게 잊고 있던 제 유튜브 채널의 분석 페이지(유튜브 스튜디오)에 우연히 들어가게 되었습니다. 지금은 스마트폰 앱으로도 매일 들여다보는 유튜브 스튜디오 분석 페이지를 그때는 완전히 잊고 있었습니다.

그런데 그곳에서 제가 상상조차 하지 못했던 일이 벌어지고 있었습니다.

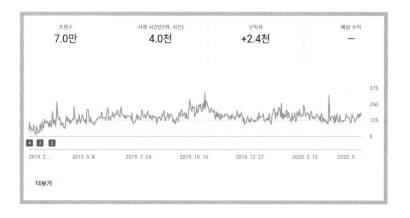

채널 전체 조회수가 7만 뷰가 되어 있었고, 구독자가 무려 2,400명이 되어 있었던 거죠. 전체 시청 시간은 4,000시간이 넘어 있었습니다. 제가 전혀 신경 쓰지 않았던 1년 동안 유튜브 수익 창출 조건인 구독자 1,000명과 시청 시간 4,000시간 이상을 이미 달성하고 있었던 겁니

다. 그 순간 갑자기 아드레날린이 폭발하면서 심장이 마구 뛰기 시작했습니다. 그리고 잊고 있던 영상 제작에 대한 열정이 다시 솟구쳐 오르기 시작했죠.

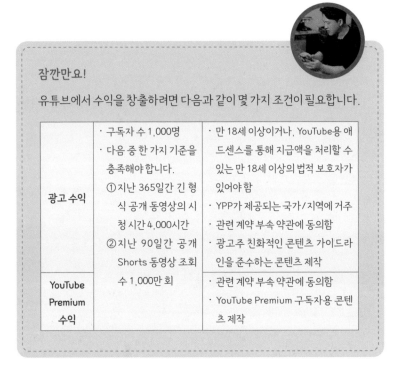

잠깐만요!

유튜브에서 수익을 창출하려면 다음과 같이 몇 가지 조건이 필요합니다.

광고 수익	· 구독자 수 1,000명 · 다음 중 한 가지 기준을 충족해야 합니다. ①지난 365일간 긴 형식 공개 동영상의 시청 시간 4,000시간 ②지난 90일간 공개 Shorts 동영상 조회 수 1,000만 회	· 만 18세 이상이거나, YouTube용 애드센스를 통해 지급액을 처리할 수 있는 만 18세 이상의 법적 보호자가 있어야 함 · YPP가 제공되는 국가/지역에 거주 · 관련 계약 부속 약관에 동의함 · 광고주 친화적인 콘텐츠 가이드라인을 준수하는 콘텐츠 제작
YouTube Premium 수익		· 관련 계약 부속 약관에 동의함 · YouTube Premium 구독자용 콘텐츠 제작

기대에 부푼 컴백 콘텐츠, 하지만…

그때부터는 '이제 어떤 영상을 만들까?'라는 생각만 가득했습니다. 사람이 참 간사하게도, 돈이 될 수 있다는 생각이 들자 갑자기 미친 듯이 아이디어들이 떠오르기 시작하더군요. 그러던 와중에 한 가지 주제가 떠올랐습니다.

당시 비가 많이 내리는 장마철이었습니다. 공예를 하는 사람들에게는 도구 관리가 더욱 중요해지는 시기죠. 높은 습도로 인해 도구들이 쉽게 녹슬어 버려 고민이 많아집니다. 특히 초보자들은 값비싼 도구가 금세 망가지는 것처럼 느껴져 더욱 당황할 수밖에 없죠.

'도구 관리법, 특히 녹슨 도구를 관리하고 녹을 효과적으로 제거하는 방법을 알려 주면 어떨까?'

이런 콘텐츠라면 분명 많은 사람들이 관심을 가지겠다고 생각했습니다.

무척 괜찮은 아이디어라고 뿌듯해하며 자신만만하게 영상을 올렸지만 예상과는 달리 조회수는 매우 저조했습니다.

분명 PART01에서 언급한 '표본 집단을 넓히는 것의 중요성'을 깨달았으면서도 1년 새에 까맣게 잊고 다시 소수의 사람들만 관심을 가질 만한 콘텐츠를 만든 거죠.

돌이켜 보면 그때의 아이디어는 특별히 뛰어난 것이 아니었는데 당시에는 엄청난 반응이 있을 거라 기대했던 것 같습니다. 저조한 조회수를 보며 많이 당황스러웠고, 그때부터 유튜브 콘텐츠의 방향성에 대해 다시 한 번 진지하게 고민하기 시작했습니다.

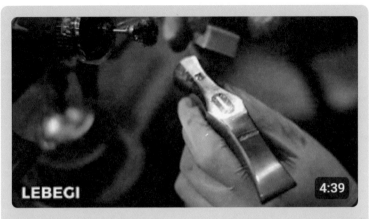

제 목 녹 제거하기. 오랜만에 왔더니 도구들이 엉망이 되었다
조회수 1.7만 회
날 짜 2020년 6월 15일

'내가 만들려는 이 콘텐츠는 과연 누구를 위한 것일까?'

'어떤 사람들이 관심을 가질까?'

'많은 사람들이 보게 하려면 어떤 내용을 다뤄야 할까?'

이런 질문들을 스스로에게 던지게 됐죠.

14

·

관심을 끌 수 있는
콘텐츠란

그래서 이제부터는 더 많은 사람들이 공감하고 관심을 가질 만한 주제를 찾아보기로 했습니다.

> **가죽과 관련이 있으면서도 대중적으로 잘 알려진 것**

전문성과 친숙한 주제의 접목

고민을 하다 보니 한 가지 아이디어가 떠올랐습니다.

'가죽 브랜드에 대한 콘텐츠라면 사람들의 관심을 끌 수 있지 않을까? 특히 누구나 알 만한 유명 브랜드라면?'

그렇게 저는 한 브랜드를 선택하게 되었습니다.

바로 에르메스입니다. 가죽 제품에 조금이라도 관심 있는 사람은 물론, 관심이 없는 사람도 한 번쯤은 들어봤을 브랜드니까요.

명품과 관련된 콘텐츠

이 기획은 정말 자신이 있었습니다. 저는 사실 유튜브 콘텐츠 제작자이기 이전에 가죽 제품 제조업 종사자이기 때문이죠. 수년간 다양한 명품 브랜드의 제품 제작 영상을 수없이 보고 분석해 왔습니다. 공개된 메이킹 영상이 그리 많지는 않았지만 영상 하나마다 50번, 아니 100번은 넘게 봤을 겁니다. 다음에 어떤 장면이 나오고, 어떤 멘트가 이어질지 거의 외우다시피 했으니까요.

제 목 에르메스 시계줄은 어떻게 만들어지길래 비싼 걸까?
조회수 50만 회
날 짜 2020년 6월 19일

제 목 최고급 브랜드 에르메스의 시계줄은 이렇게 만들어집니다
조회수 7.5만 회
날 짜 2020년 6월 21일

에르메스의 메이킹 영상을 시청자들과 함께 보면서 기술자의 관점으로 분석해 주는 것은 오히려 제가 만들기 쉬운 콘텐츠였습니다. 그렇게 각각의 작업 과정이 어떤 의미를 갖는지, 제품에 어떤 영향을 미치는지, 사용된 가죽의 특성은 무엇인지 상세히 설명하는 영상이 완성되었습니다.

서로 다른 영상을 분석하긴 했지만 두 영상 모두 결국 같은 에르메스 시계줄 제작 과정을 다룬 콘텐츠였죠. 업로드 후 152일, 약 5개월까지 조회수는 9,483에 머물러 있었습니다.

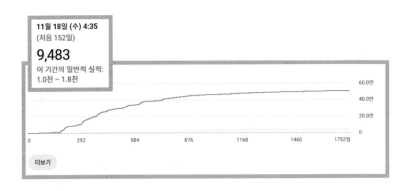

그러다 어느 시점부터 조회수가 폭발적으로 늘어나기 시작했습니다. 처음에는 제가 또 잘못된 방향으로 갔나 싶었는데 나중에서야 깨달았습니다. 전문성을 가진 사람이 대중에게 친숙한 주제를 전문가적 시각으로 설명하고 분석하고 평가할 때 사람들이 반응한다는 것을요. 이제야 그 비결을 알게 된 셈이죠.

같은 콘텐츠 다른 반응, 그 비결은 바로 제목

두 영상의 현재 조회수를 비교해 보면 재미있는 차이가 보입니다. 하나는 50만 회, 다른 하나는 7.5만 회입니다. 비슷한 내용의 분석 영상임에도 이렇게 큰 차이가 나는 것입니다.

똑같은 형태의 영상인데 왜 이렇게 차이가 나는지를 분석해 보니 그 원인은 바로 '제목'에 있었습니다.

> 에르메스 시계줄은 어떻게 만들어지길래 비싼 걸까?
> 에르메스 시계줄은 이렇게 만들어집니다.

이 두 제목에서 미묘한 차이가 느껴지시나요?

지금 보면 첫 번째 제목이 확실히 더 도발적이고 과감합니다. '왜 비싼 걸까?'라는 질문은 시청자의 호기심을 자극하죠. '그래, 대체 왜 비싼 거지?'라는 궁금증으로 자연스럽게 클릭하게 만드는 겁니다.

이런 방식의 제목은 이제 상당히 보편화되었습니다. 다른 분야에도 쉽게 적용할 수 있어 효과적이기 때문이죠. 예를 들어 '미용'이라는 카테고리를 생각해 봅시다. 국내의 강남, 특히 청담동은 럭셔리한 이미지로 유명합니다. 이 특성을 활용하면 다음과 같이 비슷한 형태의 제목을 만들 수 있습니다.

> 청담동 헤어샵은 '왜' 비싼 걸까?
> 청담동 헤어샵은 '도대체 왜' 비싼 걸까?
> 청담동 헤어샵의 '커트 가격'은 '도대체 왜' 비싼 걸까?

'청담동 헤어샵은 '왜' 비싼 걸까?'라는 질문에서 시작해 보겠습니다. 이 문장을 조금 더 자극적으로 표현하면 '청담동 헤어샵은 '도대체 왜' 비싼 걸까?'라는 형태가 됩니다. 여기서 한 걸음 더 나아가 구체적인 포인트를 짚어 보면, '청담동 헤어샵의 '커트 가격'은 '도대체 왜' 비싼 걸까?'라는 식으로 발전시킬 수 있습니다.

우리가 힘들게 만든 콘텐츠가 제목 선택을 잘못해서 더 많은 관심을 받지 못한다면 안 되겠죠. 따라서 제목을 정할 때는 '이걸 어떻게 다르게 표현할 수 있을까?', '어떤 대체어나 유의어를 사용할 수 있을까?' 하는 고민이 필요합니다. 이것이 바로 제목의 중요성입니다.

또한 청담동 헤어샵 관련 콘텐츠의 신뢰도를 높이고 싶다면 이러한 방식으로 표현할 수도 있습니다.

> **10년차 헤어 디자이너가 말해 주는 청담동 헤어샵 커트 가격이 비싼 이유**
> **청담동 헤어샵 디자이너가 말해 주는 청담동 헤어샵이 비싼 이유**

전문가를 주어로 내세우니 콘텐츠의 신뢰도가 한층 높아졌습니다. 이처럼 좋은 콘텐츠를 만드는 것도 중요하지만, 그 콘텐츠를 잘 설명할 수 있는 제목을 짓는 것 역시 매우 중요하다는 점을 이제 여러분도 이해하셨을 것입니다.

반응이 좋았지만 중단할 수밖에 없었던 이유

그런데 에르메스 메이킹 영상이 반응이 좋았는데도 두 개의 영상을 업로드한 후 더 이상 진행하지는 못했습니다.

왜 그랬을까요? 우선 메이킹 영상의 원본이 에르메스의 소유였기 때문입니다. 다른 회사의 영상을 활용해 콘텐츠를 제작하다 보니 저작권 문제가 발생할 수 있다는 우려가 컸죠. 저작권은 매우 중요한 문제입니다. 불안 요소를 안고 가느니 차라리 중단하는 것이 낫다고 판단했습니다.

게다가 당시에는 브랜드 메이킹 영상 자체가 많지 않았기 때문에 소재 고갈도 시간 문제였습니다. 그래서 미련 없이 다음 콘텐츠를 고민하기 시작했습니다.

15

과한 자신감이
불러온 한계

저는 제 기술에 자신이 있었습니다. 따라서 다른 브랜드의 영상을 분석하는 대신 제가 직접 기술 강의를 하면 되겠다고 생각했습니다.

기술 강의는 떡상할 수 있을까

눈치챈 분들도 계시겠지만, 저는 '병'이 났습니다. 제가 자신 있고 재미있게 잘할 수 있는 이 기술을 보여 주지 못해 안달 난 병이요. 그래서 실제로 기술 강의를 시작했습니다. 비록 대중적이지 않은 콘텐츠였지만, 이걸 해야만 제 병이 나을 것 같았거든요.

제　목　가죽공예 바느질 | 새들스티치 방
　　　　법은 이 영상 하나로 끝
조회수　25만 회
날　짜　2020년 6월 26일

제　목　가죽공예 바느질 | 그리프 간격은?
　　　　실은 뭘로? 초보는 꼭 봐야할 새들
　　　　스티치 끝내버리는 영상
조회수　13만 회
날　짜　2020년 7월 2일

제　목　가죽공예 기초강좌 | 엣지코트 바르
　　　　기 단면마감? 열마감? 이제 마감
조회수　11만 회
날　짜　2020년 7월 6일

제　목　가죽공예 기초강좌 | 엣지코트 바
　　　　르는 법. 열마감 가성비 최고의 도
　　　　구는?
조회수　10만 회
날　짜　2020년 7월 10일

제　목　가죽공예 | 이 정도면 카드지갑 만
　　　　들기 강좌의 끝판왕?
조회수　38만 회
날　짜　2020년 7월 18일

제　목　구독자 3,000명 감사영상 | 캔들
　　　　홀더 만들기
조회수　1.2만 회
날　짜　2020년 7월 25일

최근 영상 조회수를 다시 보니, 〈레베기의 이상한 아뜰리에 LEBEGI〉
채널은 어느 정도 알려졌음에도 불구하고 여전히 급격한 증가를 보이
지 않고 있습니다. 이는 관심있는 소수들만 찾아보는 콘텐츠의 전형적
인 특징이죠. 기술 강의 콘텐츠들은 대개 비슷한 그래프 형태를 보입
니다. 특히 공예 시장은 새로운 사람들이 꾸준히 들어오고 나가는 순
환 구조를 가지고 있어 조회수가 급격히 상승하지는 않지만 130일이
든 1,330일이든 완만하고 꾸준하게 증가합니다. 실제로 제 기술 영상
의 그래프도 알고리즘의 영향으로 단기간에 급상승하는 '떡상'과는 거
리가 있지만 유튜브 검색을 통해 유입된 관심있는 소수들 덕에 안정적
인 성장을 이어가고 있습니다.

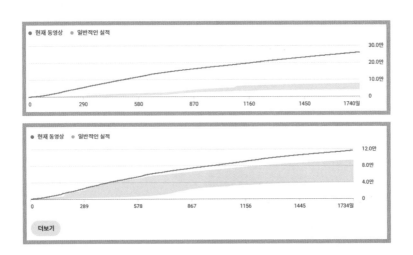

이렇게 기술 강의까지 다양하게 시도해 봤더니 채널은 조금씩 성장

하고 있었지만 제 기대에는 미치지 못했습니다. 폭발적인 성장을 바란 건 아니었지만 현실은 기대보다 더 낮은 수준이었습니다. 그래서 당시에 많이 답답했습니다. '성장'이라고 했지만, 사실 하루 전체 조회수를 다 합쳐도 1,000회에 불과했으니까요.

그럼에도 구독자 수는 조금씩 늘어나기 시작했습니다. 3,900여 명의 구독자와 10만 원 정도의 수익이 생기기 시작했습니다. 하지만 영상을 만드는 데 들인 시간과 노력을 생각하면 턱없이 부족하게 느껴졌습니다.

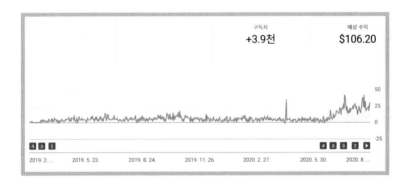

놓치지 말아야 할 대중성

그렇다고 해서 완전히 헛된 노력은 아니었습니다. 강의 영상을 올리고 나니 가죽 공예 클래스 관련 제안이 많아졌습니다. 이를 통해 유튜브 콘텐츠가 비즈니스로 연결되는 가능성을 분명히 확인할 수 있었습니다.

하지만 제 목표는 강의 콘텐츠로 수익을 내는 것이 아닌 채널 자체의 성장이었기에 이 방식만으로는 제가 원하는 목표를 이루기 어렵겠다는 생각이 들었습니다. 그때부터 다시 PART 01에서 이야기했던 내용을 곱씹어 보기 시작했습니다.

알고리즘의 동작 원리

즉, 추천 시스템에 적합한 영상을 만들어 더 넓은 타깃을 확보할 필요가 있다는 것이죠. 그래서 현재 트래픽이 집중되는 주제를 찾고, 더 많은 사람들이 관심을 가질 만한 콘텐츠에 집중하기 시작했습니다. 그렇게 해서 만든 것이 바로 앞으로 소개할 영상들입니다.

마침 넷플릭스에서 체스를 소재로 한 드라마 〈퀸스갬빗〉이 인기를 끌고 있었고, 이때다 싶어 가죽으로 체스판을 만들어 보기로 했습니다. 당시 사람들의 관심사와 맞아떨어지는 아이템이라 좋은 반응이 있을 거라는 기대도 컸고요.

기세를 몰아 미니어처 말안장도 제작했습니다. 비록 작은 크기였지만, 이를 통해 또 다른 분야의 관심층을 유입시킬 수 있을 거라 생각했습니다.

제 목 가죽으로 체스 만들기
조회수 10만 회
날 짜 2020년 12월 11일

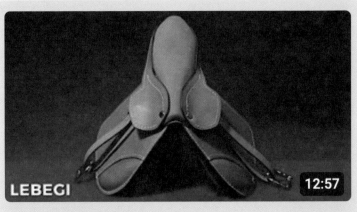

제 목 말안장 미니어처 만들기
조회수 12만 회
날 짜 2020년 12월 18일

이 영상들을 만들면서 시청자들이 알아줬으면 했던 것은 '과한 자신감'이었습니다.

"와... 장인이세요... 하나하나 꼼꼼하게 작업하시는 게 보기만 해도 대단합니다."

"가죽 다루는 손놀림이 진짜 프로시네요. 얼마나 많은 연습을 하셨길래 이렇게 완벽하게 만드시나요?"

"디테일이 미쳤어요... 스티치 하나하나가 예술이에요. ㄷㄷ 영상 10번은 돌려봤네요."

"요즘 대충 만든 제품만 보다가 이런 진정성 있는 작업 과정을 보니 감동입니다. 구독 누르고 갑니다!"

"작은 미니어처인데도 실제 말안장 같은 퀄리티라니... 대단하십니다. 다음 작품도 기대할게요."

"이런 게 진짜 장인 정신 아닐까요? 시간이 오래 걸리더라도 완벽을 추구하시는 모습이 너무 멋있어요."

지금 돌아보니 사실 이런 콘텐츠들도 한계 있었습니다. 〈퀸스갬빗〉을 보지 않은 사람들에게는 체스판이 특별한 의미가 없었고, 말안장 역시 비슷한 상황이었죠.

하지만 까르띠에 작품은 달랐습니다. 까르띠에라는 브랜드는 이미

제 목 세상에 단 하나뿐인 메탈... 아니 가죽 시계줄 만들기
(feat. 까르띠에 시계)
조회수 29만 회
날 짜 2021년 1월 16일

널리 알려져 있고, 특히 시계가 유명합니다. 그래서 체스판이나 말안장
보다 훨씬 더 대중적이고 사람들의 흥미를 끌 만한 소재였습니다. 실
제로 당시 조회수도 꽤 좋은 성과를 보였습니다.

자신 있게 만들었던 콘텐츠들을 종합해 보면 아직 여러 한계가 눈
에 보입니다. 제작 과정을 보여 주는 콘텐츠는 기술력과 품질을 잘 보
여 줄 수 있는 반면 들인 시간과 노력에 비해 수익성이 턱없이 낮았습
니다. 기술 강의는 공예에 관심 있는 소수만을 대상으로 했기에 새로
운 입문자들이 꾸준히 생기더라도 그 수가 제한적이어서 폭발적 성장
을 기대하기는 어려웠습니다. 트렌드를 활용한 시도는 특정 분야에 관
심 있는 사람들만 반응할 수 있는 콘텐츠였습니다. 그런데 까르띠에처

럼 대중적인 브랜드를 활용해 만든 콘텐츠는 훨씬 더 많은 관심을 받을 수 있었죠.

결국 콘텐츠의 성공을 위해서는 전문성과 대중성의 균형이 필요하다는 것을 절실히 깨닫게 되었습니다.

16

·

새로운
시그널

그동안의 데이터들을 토대로 좀 더 대중적인 소재들을 하나씩 시도하며 이번에는 뭘 만들지 고민하는 날들이 이어졌습니다. 그러던 중 채널에 뭔가 이상한 조짐이 보이기 시작했습니다. 지금까지 본 적도, 느껴보지도 못했던 무언가가 채널에서 일어나고 있었죠. 이것이 바로 앞으로 제게 일어날 변화의 시작이었습니다.

핵심은 시청 지속 시간

바로 다음 영상이었습니다. 조용하던 이 콘텐츠가 업로드된 지 몇 개월 뒤에 갑자기 하루에 3만 명이나 시청하는 일이 벌어진 거죠. '왜 갑자기 이 영상을 이렇게 많은 사람들이 보는 거지?' 하고 의아해하는 사이에도 조회수는 계속해서 치솟아 올랐습니다.

제 목 가죽 핸드폰 케이스 만들기(feat. 에어브러쉬)
조회수 212만 회
날 짜 2020년 8월 17일

조회수는 무려 212만 회였는데, 도대체 어떻게 이런 결과가 나오게 된 걸까요?

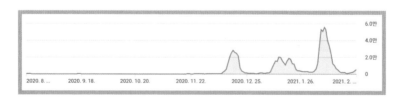

혹시 스마트폰 케이스라는 소재가 특별해서였을까요? 사실 만들기 어려운 것도 아니었고, 제작 과정이 특별하지도 않았습니다. 물론 조금 다른 작업을 추가하긴 했지만 그것만으로 조회수가 폭발적으로 증가했다고 보기에는 뭔가 부족했죠.

원인을 알기 위해 여러 지표를 분석해 보았습니다. 유튜브 스튜디오에서는 영상이 현재 어디에 노출되고 있는지, 즉 알고리즘을 타고 있는지 여부와 외부 웹사이트로부터의 유입, 섬네일 클릭률 등 다양한 데이터를 확인할 수 있습니다. 이런 데이터들을 살펴보던 중, 특별한 점 하나가 눈에 띄었습니다.

이 영상은 6분 51초짜리였는데, 평균 시청 시간이 무려 5분이나 된 것입니다. 이를 '시청 지속 시간'이라고 합니다. 이 영상에서 5분이라는 시간은 전체 영상 길이의 73%나 되는 긴 시간이었죠. 즉, 예상보다 훨씬 많은 시청자들이 중간에 이탈하지 않고 영상을 꾸준히 시청했다

는 뜻입니다.

　나중에야 깨달았습니다. 시청 지속 시간이 길다는 것은 유튜브 알고리즘이 영상을 '재미있는 콘텐츠'라고 판단하는 조건 중 하나였던 거죠.

섬네일 클릭률과 시청 지속 시간

　유튜브에는 '노출 클릭률CTR, Click-Through Rate'이라는 지표가 있습니다. 이는 유튜브에서 특정 영상이 시청자에게 노출되었을 때 실제로 클릭되는 비율을 뜻하는데, 곧 섬네일 클릭률과도 같습니다.

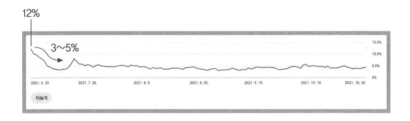

　그래프에서 보이는 것처럼 새 영상을 올리면 처음에는 약 12%의 클릭률이 나옵니다. 이는 100명 중 12명이 섬네일을 보고 영상을 클릭했다는 의미로, 꽤 높은 수치입니다. 이렇게 높은 초기 클릭률이 가능한 이유는 바로 구독자들 덕분입니다. 구독자들은 보통 새 영상이 올라오면 먼저 클릭해서 봐 주기 때문이죠. 하지만 시간이 지나면서 이 수치도 점차 내려가게 됩니다.

그 이유로는 크게 두 가지가 있는데, 먼저 구독자가 아닌 다른 시청자에게도 영상이 노출되었지만 클릭하지 않은 경우입니다. 또 한 가지는 노출량이 급격히 증가하면서 너무 많은 알고리즘에 노출된 경우죠. 이 그래프만으로는 둘 중 어떤 경우인지 정확히 판단하기는 어렵지만, 섬네일 클릭률은 분석에 매우 중요한 지표임은 분명합니다.

　그런데 이보다 더 중요한 것이 바로 '시청 지속 시간'입니다. 이는 영상이 얼마나 재미있는지를 나타냅니다. 만약 시청 지속 시간은 긴데 섬네일 클릭률이 낮다면 알고리즘은 이렇게 판단합니다.

　'섬네일은 좀 아쉽지만 영상 자체는 재미있으니 더 많은 사람에게 보여주자.'

　그래서 더 다양한 시청자들에게 추천하게 되는 거죠. 만약 섬네일 클릭률까지 높다면? 이때는 폭발적인 추천이 일어납니다. 우리가 흔히 말하는 '알고리즘을 탔다'는 상황이 바로 이런 경우입니다.

　결국 핵심은 무엇일까요? 바로 시청 지속 시간을 길게 유지할 수 있는 영상을 만드는 것입니다. 특히 기술을 가진 사람이라면 제작 과정을 최대한 재미있게 담아내는 것이 중요합니다.

유튜브에 대한 몇 가지 오해

유튜브에 대해 사람들이 흔히 오해하는 것이 있습니다.

"업로드 직후 초반 반응이 폭발적이어야 하고, 클릭률도 특정 수준 이상이어야 한다."

물론 이론적으로는 맞는 말일 수 있지만, 반드시 모든 경우에 해당한다고 볼 수는 없습니다. 제가 올린 스마트폰 케이스 제작 영상(130쪽 참조)이 좋은 예시입니다. 저처럼 특정 기술을 가진 크리에이터의 경우 초반부터 폭발적인 조회수를 기대하기는 어렵습니다. 오히려 조회수가 천천히, 그리고 꾸준히 상승하는 경우가 더 많기 때문입니다. 제가 이를 '오해'라고 표현한 것은 이런 지표들이 알고리즘의 성패를 결정짓는 절대적인 요소는 아니라는 점을 강조하고 싶어서입니다.

이야기가 나온 김에 유튜브 채널 초기 구독자 관리에 대한 팁을 하나 드리고자 합니다. 보통 유튜브를 시작하면 주변 지인들에게 구독을 부탁하는데, 저는 이 방법을 추천하지 않습니다.

이유는 간단합니다. 예를 들어, 지금 가족과 지인을 포함해 10명의 구독자가 있다고 해보겠습니다. 새 영상을 올리고 나면 흔히 주변 사람들에게 부탁합니다.

"구독하고 좋아요 좀 눌러 줘."

　하지만 이분들이 과연 영상을 끝까지 볼까요? 아무리 친한 사이라도 관심사가 다르다면 영상을 끝까지 보기는 쉽지 않습니다. 의리로 클릭하고 좋아요까지는 눌러줄 수 있겠지만, 영상을 처음부터 끝까지 시청하기는 어려운 일이죠.

　그럼 유튜브 알고리즘은 이를 어떻게 판단할까요? '아, 이 영상은 친한 구독자 10명도 끝까지 보지 않는 재미 없는 콘텐츠구나!'라고 생각하고 노출 수를 급격히 줄여 버립니다.

　따라서 유튜브 채널을 새로 시작했다면 초반부터 지인 구독자들에게 의존하지 않기 바랍니다. 순수하게 유튜브 플랫폼 안에서만 승부를 보는 것이 더 좋은 전략입니다. 홍보한답시고 블로그나 인스타그램 같은 다른 플랫폼에도 노출하지 말고 오로지 유튜브 안에서만 승부해 보세요. 비록 조회수가 1밖에 나오지 않더라도, 그 한 명이 영상을 끝까지 본다면 오히려 성공할 확률이 훨씬 더 높습니다.

17

•

대중적인 소재
+
기술이 답일까?

다시 스마트폰 케이스 영상(130쪽 참조)으로 돌아가 볼까요? 이 영상의 시청 지속 시간이 길었던 이유에는 가죽 케이스 제작 과정을 잘 담아냈다거나 영상미가 좋았다거나 하는 다양한 요인들이 작용했겠죠. 그래서 제가 내린 결론은 아주 단순합니다.

> **누구나 알고 있고 가지고 있는 제품을 소재로 삼으면**
> **많은 관심을 끌어낼 수 있다.**

PART 01에서 언급한 표본 집단의 중요성에 대한 내용을 여기에 적용해 보면 많은 사람들에게 익숙한 소재에 우리가 잘하는 기술을 접목해서 보여 주니 표본이 커졌다는 것을 증명한 셈입니다.

요즘에는 대부분 스마트폰 하나씩은 가지고 있죠. 그 스마트폰과 관련된 케이스를 만드는 과정을 보여 주니 많은 사람들이 관심을 보인 것입니다. 게다가 해당 스마트폰이 최근 출시되어 뉴스나 각종 SNS에서 화제가 되고 있는 모델이라면 어떨까요?

제작 과정에 숨어 있던 반전 요소

보통 여기까지는 쉽게 판단할 수 있습니다. '대중적인 소개 + 기술'이라는 공식으로요.

대중적인 소재 + 기술

하지만 여기서 끝일까요? 사실 여기에 한 가지를 더하면 훨씬 더 좋은 결과를 만들어 낼 수 있습니다. 지금부터가 정말 중요한 부분입니다.

스마트폰 케이스 제작 영상 마지막 부분에는 아주 재미있는 요소가 하나 더 숨어 있습니다. 사실 겉으로 보면 굉장히 심플하고 평범한 스마트폰 케이스이지만, 완성된 케이스에 만족하지 않고 뭔가 특별한 걸

해 보고 싶다는 욕심이 생긴 것입니다.

아래 화면처럼 저는 세탁망과 에어브러시를 이용하여 예술적인 요소를 더해 보기로 했습니다.

이 작업은 과연 영상에 득이었을까요? 실이었을까요?

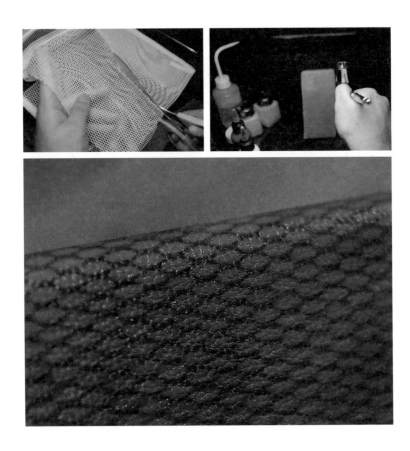

콘텐츠를 살리는 논란의 힘

콘텐츠가 생동감 있게 살아나기 위해서는 다양한 요소들이 필요한데, 그중에서도 가장 핵심은 논란과 의견 대립, 극명한 평가와 같은 상반된 시각들입니다.

'마지막은 투머치'

'마지막 패턴+색상으로 일반 가죽 케이스에서 최고급 브랜드라인 케이스로 변신'

'아… 마지막은 좀 아닌 듯…'

'심플하네…했다가 마지막에 와……입 벌리고 봤네요……'

제가 만든 스마트폰 케이스를 두고 흥미로운 일이 벌어졌습니다. 사람들 사이에서 극명하게 갈리는 평가들이 쏟아진 것입니다. 어떤 이는 마지막에 들어간 블루 격자 무늬가 뱀 같아서 싫다고 했고, 또 다른 이는 섹시하다며 찬사를 보냈죠. '입이 떡 벌어진다'는 감탄부터 '너무 과하다'는 지적, 심지어 '최고급 브랜드 같다'는 평가까지 의견이 분분했습니다.

이런 현상이 왜 중요할까요? 바로 이렇게 상반된 평가와 열띤 토론, 때로는 격렬한 논쟁까지 이어질 때 콘텐츠가 진정으로 살아 숨쉬기 시작하기 때문입니다.

논란, 의견 대립, 극명한 평가, 싸움

보통 디자이너나 공예가, 기술자들은 자신의 작품에 대해 긍정적인 평가만을 기대합니다. 당연합니다. 정성들여 만든 결과물에 대해 '잘했다', '예쁘다'라는 말을 듣고 싶은 게 인지상정이니까요. 하지만 우리는 역설적으로 생각을 전환해야 합니다. 내 작품을 두고 사람들이 자유롭게 의견을 나누고 서로 다른 평가가 오가는 것을 두려워하면 안 됩니다. 특히 온라인 콘텐츠의 경우 이런 의견 대립이 크면 클수록 그 콘텐츠의 가치는 더욱 빛을 발하기 마련입니다.

논란을 만들면 댓글이 달린다

사람들이 서로의 반대 의견에 대응하기 위해 댓글에 댓글을 달면서 자연스럽게 조회수가 늘어나는 것을 목격했습니다. 수천 명의 사람들이 제 작품을 두고 서로 다른 의견을 주고받는 모습을 보면서 저는 큰 깨달음을 얻었습니다. 작품에 대한 의견이 양분되고 논란이 일어날수록 그 콘텐츠가 얼마나 강력한 생명력을 얻게 되는지를 말이죠.

이전에는 깔끔하고 평범한 작품 제작 과정을 담은 영상을 만드는 데에만 그쳤습니다. 하지만 이제는 다릅니다.

'이 작품에 대해 사람들의 의견이 어떻게 나뉠까?'

'여기에 어떤 논란거리가 있지?'

이러한 질문을 통해 다른 관점에서도 작품을 바라보게 되었고, 이러한 요소들을 의식적으로 영상에 담아내려 노력하고 있습니다.

다음은 평범한 가죽 노트 커버/케이스를 만드는 영상입니다.

LEBEGI   7:36

제 목 1,000원짜리 노트가 100배 비싸지는 과정
조회수 115만 회
날   짜 2021년 1월 16일

예전의 저였다면 섬네일 이미지를 이렇게 무난하게 뽑았을 겁니다.

LEBEGI

당시에는 그저 다이소에서 구입한 노트에 가죽 케이스를 씌우는 과정을 쭉 보여 주는 평범한 영상이었죠. 애초에 의견 대립이나 논란을 의도한 기획도 아니었고, 이미 촬영까지 마친 평범한 영상 소스들이었으니까요. 그래서 제가 더할 수 있는 건 단 한 가지였습니다.

'제목과 섬네일에서 어떻게 하면 논란을 만들어 낼 수 있을까?'

요즘 흔히 말하는 '후킹hooking'(마케팅 용어로 고객의 마음을 사로잡는다, 낚아챈다라는 의미로 사용)이나 '어그로aggro'(상대방이 주는 부정적인 감정에 의한 주의가 집중된 상태)와는 조금 다른 맥락이었습니다. 단순히 낚시성 콘텐츠가 아니라 사람들 사이에 팽팽한 의견 대립이 일어나게 하고 싶었죠. 그래서 영상과 관련된 키워드를 하나씩 나열하기 시작했습니다.

- 누구나 알 만한 노트
- 다이소에서 구입
- 가죽 케이스/커버
- 황동봉을 이용한 리필 노트 교체라는 기능성
- 고급스러움을 더하는 블랙 컬러
- 심플한 디자인

그리고 이것들을 조합해서 만들 수 있는 매력적인 제목을 고민했습니다.

누구나 알 만한 노트 + 가죽 케이스/커버 + 심플한 디자인

이 세 가지 요소를 단순히 조합하면 어떤 제목이 나올까요?

심플한 가죽 노트 커버 만들기

평범하고 전형적인 제목이라서 그런지, 뭔가 부족한 느낌입니다.

노트라는 단어는 그대로 두고, 가죽과 블랙 컬러에서 '고급스럽다'는 이미지를 떠올렸습니다. 가죽 제품은 고급스럽잖아요? 그리고 고급스러움은 자연스럽게 '럭셔리', '비싸다'라는 생각으로 이어졌습니다. 이런 식으로 연상되는 단어들을 나열하기 시작한 겁니다.

반대편에는 '다이소'라는 키워드가 있습니다. 노트를 구입한 곳이죠. 다이소 하면 떠오르는 건? '저렴하다', '싸다'입니다. 실제로 그 노트를 1,000원에 샀거든요. 여기서 '천 원짜리'라는 단어를 넣어야겠다는 생각이 들었습니다.

> 다이소, 저렴하다, 싸다, 1,000원

이렇게 보니 재미있는 대립 구도가 보였습니다.

> 럭셔리, 비싸다 vs 다이소, 천 원짜리

이것을 풀어 보니

> 다이소에서 산 천 원짜리가 럭셔리해진다/비싸진다

더 단순하게는

싼 게 → 비싸진다

여기서 구체적인 가격을 넣으면 더 강렬해질 것 같았습니다.

1,000원짜리가 → 비싸진다

그러다 문득 떠올랐습니다. 시청자들 사이에서 가장 논란이 될 만한 것, 명품 브랜드들이 항상 겪는 그것 말이죠. 바로 '가격 논란'입니다.

"핸드메이드라서 비싼 건가?"
"공장 생산인데 왜 비싼 거지?"
"브랜드 이름값 아닌가요?"

드디어 제목의 방향이 잡혔습니다. 제가 만든 가죽 노트 커버의 적정 가격을 고민해 보니 대략 10만 원 정도가 적당해 보입니다. 그런데 '1,000원짜리가 100,000원이 된다'는 표현은 논란을 일으키기에는 뭔가 임팩트가 부족해 보입니다. 그러다 문득 아이디어가 떠올랐습니다.

'가격을 '배수'로 표현해 보자.'

1,000원과 10만 원의 차이는 100배죠. 그래서 '1,000원짜리 노트가 100배 비싸진다'라는 제목이 탄생했습니다. 보는 순간 '이거다!' 싶었습니다.

1,000원짜리 노트가 100배 비싸진다

하지만 한 가지 걸리는 게 있었습니다. 바로 섬네일이었어요. 제목은 너무나 마음에 들었는데, 이미지가 이 강렬한 제목을 따라가지 못한다는 생각이 들었습니다.

가죽 공예를 숨겨라

표본 집단을 넓히기 위해서는 섬네일에서 가죽 제품이라는 것이 너무 명확히 보이면 안 되겠다는 생각이 들었습니다. 시청자들이 영상을 보기도 전에 '아, 가죽 제품을 만들어서 100배 비싸게 파는 거구나'라고 미리 짐작해 버리면 마치 스토리의 결말을 알아버린 것처럼 흥미가 반감될 테니까요. 그래서 과감한 결정을 내렸습니다.

'가죽 공예라는 사실을 완전히 숨겨 버리자!'

사실 이건 엄청난 모험이었습니다. 멋진 완성품을 섬네일로 걸어도 모자랄 판에 가죽 공예 요소를 완전히 빼버린다는 건 그야말로 '비포Before' 상태의 노트만으로 승부를 보겠다는 거였으니까요. 하지만 제목만 잘 뽑는다면 오히려 호기심을 극대화할 수 있을 것 같았습니다. 게다가 가죽 공예라는 것을 모르니 더 다양한 사람들이 관심을 가질 수도 있겠다는 생각이 들었습니다. 결국 다음과 같은 섬네일과 제목이 탄생했습니다.

제 목 1,000원짜리 노트가 100배 비싸지는 과정
조회수 115만 회
날 짜 2021년 1월 16일

예상대로 반응은 뜨거웠습니다. 댓글을 보니 대부분의 시청자들이 가죽 공예라는 것을 전혀 예상하지 못한 채 영상을 클릭했다고 하더군요. 성공입니다.

'평범한 노트 같은데 왜 100배나 비싸졌다는 걸까?'
'유명인의 사인이라도 들어가 있나?'
'유명 화가가 특별한 그림이라도 그려 준 걸까?'

이렇게 여러 궁금증을 안고 영상을 본 사람들이 많았습니다.

결과는 실로 놀라웠죠. 115만이라는 어마어마한 조회수, 1,000개가 넘는 댓글, 그리고 좋아요 1.1만. 이런 멋진 성과는 단순히 완성품을 보여 주는 것보다 호기심을 자극하는 게 얼마나 효과적인지를 잘 보여 주는 증거가 되었습니다.

18

제목이 제목이
제목이다!

단순한 가죽 노트 커버 제작 영상의 섬네일과 제목을 전략적으로 구성했더니 놀라운 결과가 나왔습니다. 영상 내용이나 결과물 자체로도 논란을 만들 수 있지만, 제목만으로도 충분히 사람들의 관심을 끌 수 있다는 걸 깨달은 거죠.

'저 노트가 뭔데 100배나 비싸졌을까?'

이렇게 호기심에 이끌려 들어온 시청자들은 영상을 보면서 자연스럽게 가죽 공예의 매력에 빠져듭니다. 처음에는 공예에 전혀 관심이 없던 사람도 "나도 한번 배워 볼까?", "취미로 한번 해 보고 싶다"는 생각을 합니다. 전혀 관심 없던 사람들이 내 영상을 보고 그 분야에 매료되는 것만큼 보람 있는 일도 없습니다. 하지만 우리 같은 디자이너, 기술자, 공예인들은 이런 부분에서 약점을 보입니다.

만드는 것은 프로급인데, 글쓰기나 제목 짓기는 어렵게 느끼는 거죠. 더 솔직히 말하면 많은 분들이 글쓰기는 자신과 상관없는 일이라 생각해서 아예 시도조차 하지 않으려 합니다. 하지만 이제는 그 생각을 바꿔야 합니다.

이번에는 3,000원짜리 스케치북

이때부터 제목 짓기에 관심을 집중하기 시작했습니다. 다음과 같은 형식의 제목을 붙인 영상들을 만들어 내기만 하면 될 것 같았거든요.

> ○○○○원짜리 ○○○가 ○○배 비싸지는 과정

그래서 또다시 다이소를 찾았습니다. 매장을 둘러보던 중 3,000원짜리 스케치북 하나가 눈에 들어왔습니다. 이번엔 좀 더 욕심을 내서 이 스케치북으로 하드커버 책을 만들기로 했습니다.

이 작업의 핵심은 '멋진 책을 만든다'가 아니었습니다. 물론 하드커버로 공들여 만든 데는 그만한 이유가 있었습니다. 앞서 올린 노트 가죽 커버 만들기 영상의 댓글 중에 이런 글이 있었거든요.

"한 30배 받으면 괜찮을 듯?"

배수의 함정

곰곰이 생각해 보니 1,000원짜리 노트가 30배면 3만 원인데, 이 가격이 제 자존심을 상하게 했습니다. '고작 이 정도 가치밖에 없나?' 하는 생각이 들었거든요. 그래서 이번에는 '1,000배는 받아도 되겠다'는 댓글을 이끌어 내도록 모든 역량을 쏟아부어야겠다고 마음먹었습니다.

"와, 이 정도 노력이면 1,000배 받아도 되지. 인정."

이와 같은 반응을 기대하면서 정말 열심히 만들었습니다. 하지만 문득 30배니 100배니 하는 표현이 좀 유치하게 느껴졌어요. 그 다음은 1,000배, 1만 배... 이런 식으로 계속 갈 것도 아니고요. 그래서 비슷한 뉘앙스를 가진 다른 표현 방식을 고민해 봤습니다.

1,000배 비싸진다는 건 결국 "엄청 비싸졌다"는 뜻이잖아요? 그러다 문득 이런 말이 떠올랐습니다.

'물가 상승'

우리가 일상적으로 자주 쓰는 표현이잖아요. '가격이 상승한다', 이걸 좀 더 과감하게 표현하면 '가격이 수직 상승한다'가 되겠죠. 가격이 1,000배 올랐다면 충분히 수직 상승이라고 할 수 있을 테니까요. 이렇게 표현하니 30배, 100배 같은 숫자를 나열하는 것보다 훨씬 세련되어 보였습니다.

영상을 올린 후 얼마 지나 조회수를 확인해 보니 무려 136만 회를 기록하고 있었습니다.

제 목 3,000원짜리 스케치북 가격이 수직 상승하는 과정
조회수 136만 회
날 짜 2021년 3월 14일

그때 깨달았죠.

'제목(텍스트)이 정말 중요하구나.'
'이렇게 해야 사람들의 반응을 이끌어 낼 수 있구나.'

공예가나 기술자들은 작품이 예쁘게 나오면 어떻게든 이 결과물을 보여 주고 싶어 안달이 납니다. '내가 잘 만들었지?'라고 자랑하고 싶은 충동이죠. 하지만 저는 이때부터 그 욕심을 완전히 내려놓기로 했습니다.

결과물을 섬네일에서 보여 주지 않기로 한 거죠. 시청자들이 섬네일만 보고는 결과물을 예측할 수 없게 만들어서 영상을 클릭하고 제작 과정을 따라가다가 마지막 결과물을 보며 자연스럽게 만족감과 감동을 느끼게 만들고 싶었습니다.

그 다음에 만든 영상 역시 제목 형태도 동일하고, 섬네일에서도 결과물을 공개하지 않고 있습니다.

이렇게 하나의 확실한 시리즈 레이아웃이 만들어진 겁니다.

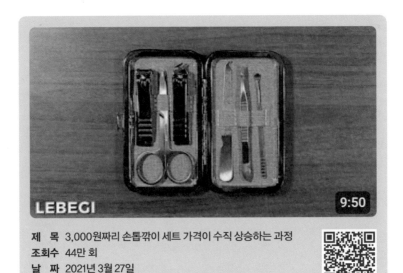

제 목 3,000원짜리 손톱깎이 세트 가격이 수직 상승하는 과정
조회수 44만 회
날 짜 2021년 3월 27일

콘텐츠의 성패를 가르는 제목의 힘

같은 맥락으로 가죽 반지갑을 만드는 영상도 제작했습니다.

어떤 느낌이 드나요? 너무 평범하지 않나요? 섬네일만 봐도 가죽 공예 영상이라는 걸 바로 알 수 있습니다. 예전이었다면 '고급스러운 가죽 반지갑 만들기' 정도로 제목을 붙였을 겁니다. 그런데 문득 이런 생각이 들었습니다. 개인 가죽 공예가가 지갑을 만드는 과정이나 브랜드들이 공장에서 생산하는 과정이 사실 크게 다르지 않거든요. 그래서 '브랜드 지갑을 만드는 과정'이라고 하면 더 흥미롭지 않을까 하는 생각이 스쳐 지나갔죠.

자, 여기서 전에 얘기했던 것처럼 어떤 논란과 의견 대립이 있을지 생각해 봤습니다.

"브랜드는 쓸데없이 비싸."

"아니다, 가죽이 비싼거다."

"가죽은 안 비싸."

"핸드메이드라 비싼 거지."

"무슨 소리야, 기계로 만들어서 원가는 저렴해."

생각보다 다양한 주장이 맞부딪힐 수 있는 주제였습니다. 그래서 논쟁의 여지를 살리면서, 전에 효과적이었던 제목 형식을 한 번 더 활용해 보기로 했습니다.

브랜드 지갑이 왜 비싼지 보여 주는 영상

이 제목이면 충분히 앞에서 언급한 논란거리를 이끌어 낼 수 있어 보였습니다. 대립되는 의견들도 명확했습니다. 이제 이걸 좀 더 자극적인 제목으로 다듬기만 하면 됩니다.

저는 '브랜드'라는 단어에 주목했습니다.

'과연 어떤 브랜드가 사람들의 호기심을 자극할까?'

고민하다 보니 특정 브랜드 이름이 아닌 '하이엔드 브랜드'라는 단어가 떠올랐습니다. 어차피 최상위급 브랜드로 알려진 에르메스의 지갑도 비슷한 공정으로 만들어지니까요. 그래서 최종적으로 제목을 이렇게 정했습니다.

하이엔드 지갑이 왜 비싼지 보여 주는 영상

이제는 섬네일에서 가죽 공예 영상인 게 드러나지 않게만 하면 됐죠. 그래서 제가 선택한 것이 바로 까르띠에 개런티 카드였습니다. 이것도 충분히 논쟁거리가 될 만한 요소이거든요. 제목에서 까르띠에 카드와

'하이엔드 브랜드'라는 조합을 본 시청자들은 이미 흥분하며 클릭할 수밖에 없습니다.

"뭐라고? 까르띠에가 하이엔드 브랜드라고?"

제 목 하이엔드 브랜드의 가죽 지갑이 왜 비싼지 보여주는 영상
조회수 332만 회
날 짜 2021년 4월 8일

실제로 이 영상은 332만 회라는 엄청난 조회수를 기록했습니다.

19

스타PD들의
전략

어그로로 사람들의 반응을 이끌어 내는 전략은 이미 많은 유명 TV 프로그램들이 활용하고 있었습니다. 소위 '악마의 편집'이라는 거죠.

먼저 어떤 논쟁과 논란이 일어날지 미리 예상하고, 기획 단계에서부터 그에 맞는 전략을 세웁니다. 그리고 의도에 맞게 영상을 편집하는 겁니다. 이렇게 하면 영상이 빠르게 바이럴되면서 더 널리 퍼져 나갈 수 있습니다.

저도 유튜브 영상 콘텐츠를 만들면서 마침내 이 원리를 깨달았습니다. 한 명이라도 더 많은 사람들이 보게 만드는 게 중요했는데, 단순히 어그로만 끄는 게 아니라 잘 기획하면 이런 방식이 하나의 훌륭한 전략이 될 수 있다는 걸 알게 된 거죠.

제　목 은행가기 귀찮아서 가죽 미니 금고 만드는 영상
조회수 60만 회
날　짜 2021년 3월 4일

　이 영상도 똑같은 맥락에서 만들어졌습니다. 여기서 어떤 논란이 나올 수 있을지 생각해 봅시다. 우선 가죽으로 금고를 만든다는 발상 자체가 넌센스입니다. 크기도 너무 작고, 훔쳐가기도 쉽고, 칼로 찢으면 그걸로 끝이니까요.

　예상했던 대로 댓글에는 정말 다양한 의견들이 올라왔습니다. 이런 의견 대립 자체가 콘텐츠를 살아있게 만드는 중요한 요소라는 걸 확실히 깨달았습니다.

핵심 플롯: 스토리를 만들어 내는 방법

자, 이제 여러분들은 다음 플롯만 기억하면 됩니다. 이것은 가죽 공예가 아닌 다른 주제로 바뀌어도, 어떤 플랫폼에서도 동일하게 적용되는 원리입니다.

무언가	→	나, 기술자	→	바뀌었다
(사람/물질)		(내 기술)		(더 좋아졌다)

처음의 '무언가'는 사람일 수도 있고 어떤 물질일 수도 있습니다. 이 '무언가'가 나(내 기술) 또는 어떤 기술자를 만나서 '바뀌었다', '더 좋아졌다', '더 멋있어졌다' 등으로 변화하는 거죠.

이것이 모든 플롯의 핵심입니다. 우리는 이 플롯을 '구성' 또는 '기획'이라고 부릅니다. 그리고 이 기획은 곧 '스토리'이기도 합니다.

이제 플롯을 한 번 적용해 보겠습니다. 라이터 케이스를 만들려고 합니다. '어떤 라이터일까?'라는 생각으로 시작해 보면 라이터 하나에도 수많은 스토리를 만들 수 있겠네요. 우선 기본적인 플롯을 적용해 봅시다.

무언가	→	나, 기술자	→	바뀌었다
(버려진 라이터)		(내 기술)		(더 좋아졌다)

즉, 라이터가 제 기술을 만나 더 좋아진다는 게 핵심입니다. 하지만 여기서 '어떤 라이터일까?'라는 궁금증이 생깁니다. '혹시 어떤 특별한 사연이 담긴 라이터는 아닐까?' 이런 질문에서부터 스토리가 시작됩니다. 단순한 물건의 변화가 아니라 그 속에 담긴 이야기를 풀어 내는 겁니다.

가죽 공예가 아닌 다른 기술이라도 상관없습니다. 제가 헤어 디자이너라고 해도 이 플롯을 똑같이 적용할 수 있습니다.

무언가		나, 기술자		바뀌었다
(탈모가 있는 남자)	→	(헤어 디자이너)	→	(더 멋있어졌다)

탈모가 있는 한 남자가 나의 헤어 디자인 기술을 만나 탈모 고민을 해결하고 더 멋있어진다는 기획이 나오는 거죠. 여기서도 스토리를 강조하기 위해 '탈모가 있는 남자'에 주목할 필요가 있습니다. '이 남자에게는 어떤 탈모 사연이 있을까?', '더 멋있어져야만 하는 특별한 이유가 있는 걸까?'

이렇게 스토리를 입히면 단순한 before & after가 아닌 실제 공감할 수 있는 이야기를 만들 수 있습니다.

평범한 '라이터 가죽 케이스 만들기'였지만 플롯을 적용해서 '버려진 라이터'라는 스토리를 입힌 거죠. 당시 신분 상승 시리즈가 계속 좋은 반

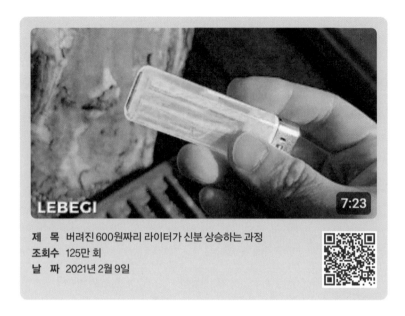

LEBEGI   7:23

제　목　버려진 600원짜리 라이터가 신분 상승하는 과정
조회수　125만 회
날　짜　2021년 2월 9일

응을 얻고 있었기 때문에 '버려진 600원짜리 라이터가 신분 상승하는 과정'이라는 제목을 붙일 수 있었습니다. 그냥 '라이터 가죽 케이스 만들기'라는 평범한 제목을 붙였다면 저런 조회수는 나오기 힘들었겠죠?

기획과 스토리의 힘: 스토리를 입히면 공감을 얻는다

결국 이 모든 과정을 통해 저는 '기획'과 '스토리'의 중요성을 확실히 깨달았습니다. 단순히 제품을 만드는 과정만 보여 주는 게 아니라 그 과정에서 어떤 이야기를 만들어 낼 수 있을지 고민하기 시작한 거죠.

그렇다고 제작 과정 자체가 중요하지 않다는 건 아닙니다. 다만 이런 스토리가 있으면 사람들이 작업 과정을 더 잘 이해하고 영상에 몰입할 수 있으며, 그에 관한 의견도 아낌없이 나누게 된다는 게 중요한 포인트입니다. 그리고 그 영상을 보고 난 뒤 '나도 저 기술을 가지고 싶다'는 마음이 들게 만들었다면 완벽한 성공입니다.

이 무렵부터 채널이 폭발적으로 성장하기 시작했습니다.

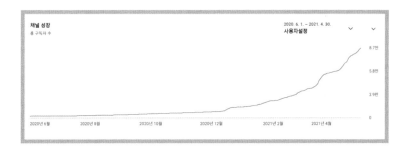

영상을 다시 업로드하고 1년도 채 되지 않아 2021년 4월 30일 기준으로 구독자가 8.7만 명까지 늘어났습니다.

구독자 10만 명 달성, 그러나…

그리고 보름 뒤 그래프입니다.

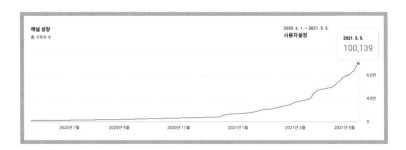

　그토록 원하던 구독자 10만 명을 달성했습니다. 실버 버튼을 받을 수 있게 된 거죠. 그런데 한 가지 의문이 들었습니다. 다른 유튜버들은 구독자 10만 명 정도면 광고도 많이 들어온다던데, 왜 제게는 광고가 하나도 들어오지 않는 걸까요? 정말 궁금했습니다. 물론, 채널 자체에서는 조회수를 통한 수익이 발생하고 있기는 했습니다.

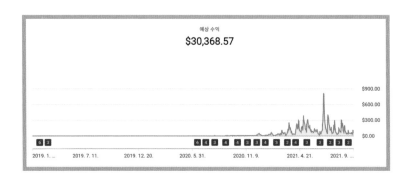

예상 수익을 보니 대략 3만 달러, 한화로 4,000만 원 정도의 조회수 수익이 났더라고요. 적은 금액은 아니었지만 예상보다는 훨씬 적었습니다. 그래서 다시 고민이 시작됐습니다.

'왜 공예 분야는 PPL이나 브랜드 콜라보 같은 광고 사례가 없는 걸까?'
'기업들은 왜 공예 분야에는 광고를 주지 않는 걸까?'

20
.
광고가
없는 이유

유튜브에서 광고를 많이 받는 분야들은 주로 뷰티, 패션, 식품 쪽입니다. 제 채널과는 다소 거리가 있지만 연관성을 한번 찾아보기로 했습니다.

우선 뷰티나 패션은 얼굴이나 몸이 노출되어야 하는 분야라 제가 할 수 없다고 판단했습니다. 그렇다면 도전해 볼 만한 건 '식품' 분야인데, 이때부터 먹는 것과 가죽 공예를 연관 짓는 방법만 생각하기 시작했습니다. 이 연결 고리만 잘 보여 주면 광고주들의 관심을 받을 수 있을 거라 생각했거든요.

사실 제가 광고주 입장이라고 생각해 봐도 그렇습니다. 만약 제가 라면을 판매하는 회사의 마케팅 담당자라면 레베기에게 광고를 주고 싶을까요? 가죽 공예와 라면이 어울리는 레퍼런스를 본 적이 없으니 선뜻 진행하기가 어려울 것입니다. 이건 마치 제가 가죽 공예 채널을 처음 만들면서 고든 램지를 모티브로 한다고 했을 때 아무도 예상하지 못했던 것과 같은 거죠. 즉, 눈으로 본 적이 없으니 직접 보여 줘야 하는 겁니다.

그때부터 매일 편의점을 찾아다녔습니다. 살 것이 없어도 진열대를 찬찬히 뜯어보면서 가죽 공예와의 접점을 찾으려 노력했습니다. 오래된 슈퍼는 물론이고요.

그리고 마침내 한 가지 아이템을 찾아냈습니다.

편의점에서 찾은 영감: 밀크카라멜

어느 진열대에서 밀크카라멜을 보자마자 문득 흥미로운 그림이 떠올랐습니다. '평범한 밀크카라멜을 가죽 케이스에 담으면 얼마나 고급질까?' 상상하니 이보다 더 좋은 아이디어가 없을 것 같았습니다.

물론 공예를 전문적으로 하는 사람들이라면 이런 작업을 과연 가죽 공예라 할 수 있을지 의문을 제기할 겁니다. 하지만 일반 대중들에게는 그게 중요하지 않습니다. 저렴한 카라멜이 가죽을 입고 변신했다는 그 반전이 핵심이니까요. 앞서 이야기한 플롯을 그대로 적용하면 평범한 밀크카라멜이 나를 만나 고급스러운 물건으로 탈바꿈했다는 이야

기죠. 그리고 밀크카라멜에 초점을 맞춰 보면 여기서도 같은 신분 상
승의 서사가 만들어집니다.

이건 어떤 밀크카라멜일까요?

슈퍼마켓 한구석에 놓여 있던 700원짜리 저렴한 카라멜
↓
700원짜리 밀크카라멜이 신분 상승하는 과정

결과는 상상 이상이었습니다.

제　목 700원짜리 밀크카라멜이 신분 상승하는 과정
조회수 83만 회
날　짜 2021년 4월 17일

무려 1,700여 개의 댓글과 1.3만의 좋아요를 받은 거죠. 사실 그동안 제 콘텐츠에서 본 적 없는 숫자였습니다. 조회수가 100만이 넘는 영상은 있어도 댓글이 이렇게 많이 달린 적은 없었거든요.

사람들도 이런 시도를 처음 접한 것입니다. 가죽 공예라고 하면 늘 지갑, 가방, 키홀더 같은 전형적인 작업만 보다가 카라멜에 가죽을 입히는 독특한 시도를 보고 열광하기 시작한 겁니다.

"저 흔한 카라멜이 이렇게 세련될 수 있다고?"

물론 디자인이 잘 나와서일 수도 있지만 이같은 반응의 핵심은 가죽으로 의외의 작품을 만들었다는 충격과 신선함이었습니다. 이제 확실히 감이 잡혔습니다. 앞으로 어떤 작업을 해야 할지!

계속되는 새로운 시도, 마이쮸의 신분 상승

밀크카라멜의 성공에 힘입어 마이쮸를 가지고도 신분 상승 프로젝트를 진행해 봤습니다. 예상대로 반응이 폭발적이었습니다. 이전에 누구도 시도하지 않았던 새로운 작업이었으니까요. 조회수도 훌륭했고 댓글은 무려 2,900여 개, 좋아요는 2.4만을 기록했습니다.

그즈음 유튜브에서는 '신분 상승'이라는 키워드가 트렌드가 되어 수많은 콘텐츠들이 쏟아져 나왔습니다. 하나의 밈이 된 겁니다.

새콤달콤 금고, 그리고 계획된 논란

다음 프로젝트로 선택한 것은 새콤달콤입니다. 이번에는 작품성에도 욕심을 냈습니다. 실제로 작동하는 다이얼 금고를 만들기 위해 밤낮으로 공을 들였습니다.

가죽으로 금고를 만든다는 자체가 넌센스이니 분명 이에 대해 사람들이 왈가왈부할 거란 걸 잘 알고 있었습니다. 게다가 그 금고에 보관할 물건이 돈이 아닌 고작 새콤달콤이라는 반전이라뇨. 제목에 '누가 훔쳐 먹을까 봐'라는 문구를 넣었기 때문에 다음과 같은 반응들이 예상됐습니다.

"치사하다."

"그냥 하나 줘라."

"새콤달콤 하나 지키겠다고 저런 재능 낭비를 하냐."

그런데 여기에 뭔가 장치를 하나 더 추가하고 싶었습니다. 시청자들 사이에 재미있는 논쟁이나 진영 형성을 유도할 수 있는 방법은 없을까 고민하다가 문득 한 가지가 떠올랐습니다.

'맛'

바로 '맛'입니다.

섬네일에서 볼 수 있듯이 저는 포도맛을 선택했습니다. 새콤달콤의 맛을 놓고 사람들이 자연스럽게 편을 나눌 것 같다는 예감이 들었습니다. 저는 실제로도 포도맛을 제일 좋아했고, 마침 그 보라색 계열의 가죽도 예뻐서 망설임 없이 선택했습니다. 각자가 좋아하는 맛이 다를 테니 댓글에서 분명 이에 대한 언급이 있을 거라 확신했습니다. 실제 결과를 보니 조회수 207만 회, 댓글 3,000여 개, 좋아요 2.7만을 기록했습니다.

예상대로 댓글에는 완성품에 대한 평가와 디자인 논평도 있었지만 맛 선호도 논쟁으로 가득했습니다.

"딸기맛이 진리다."

"뭘 모르네, 레몬맛이 국룰이다."

제　목　누가 훔쳐먹을까 봐 새콤달콤 전용 금고 만드는 영상
조회수　207만 회
날　짜　2021년 5월 12일

디자인을 넘어선 스토리와 기획의 진짜 힘

　사람들은 자신의 작품에 대한 영상에 칭찬과 긍정적인 댓글만이 달리길 바랍니다. 하지만 영상을 제작하면서 깨달은 점은 단순히 기술력이나 디자인만으로는 사람들의 관심을 끌기가 매우 어렵다는 점이었습니다. 그저 '잘 만든 제품'을 넘어서 그 작품을 만드는 과정에서 어떤 이야기를 담을 수 있는지, 그리고 그 이야기를 어떻게 효과적으로 전

달할 수 있을지를 고민해야 합니다. 기술 자체가 단순히 결과물만 내놓는 것이 아니라 사람들에게 새로운 재미와 감동을 전달할 수 있는 하나의 도구가 될 수 있어야 합니다.

그렇게 식품에 가죽 공예를 접목한 콘텐츠는 계속 이어지며 다양한 시리즈가 탄생하게 되었습니다.

채널도 놀라운 성장세를 보이고 있었습니다. 구독자가 이미 24만 명을 넘어선 상황이었으니까요. 사실 이대로 비슷한 콘텐츠를 계속 만들어도 됐지만, 저는 좀 더 깊이 있는 기획과 스토리를 만들어 보고 싶다는 욕심이 생겼습니다.

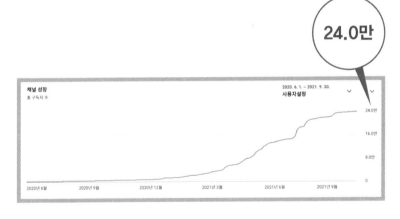

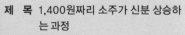

제　목　1,400원짜리 소주가 신분 상승하는 과정
조회수　137만 회
날　짜　2021년 7월 14일

제　목　맥도날드 BTS 세트가 신분 상승하는 과정
조회수　152만 회
날　짜　2021년 6월 29일

제　목　700원짜리 아폴로가 신분 상승하는 과정
조회수　66만 회
날　짜　2021년 6월 21일

제　목　1,000원짜리 반창고가 신분 상승하는 과정
조회수　35만 회
날　짜　2021년 9월 14일

21

콘텐츠 기획의
새로운 차원

새로운 도전의 시작점은 역시 광고 수주였습니다. '가죽 공예로 주류 광고를 해 보면 어떨까?' 하는 아이디어가 머릿속을 계속 맴돌았던 것입니다.

스토리텔링을 찾아라

먼저 우리에게 너무나 친숙한 소주 한 병을 선택했습니다. 여기에 앞서 말씀드렸던 '편의점의 저렴한 소주가 내 가죽 공예 기술로 가죽 케이스를 만나 고급스럽게 변신했다'라는 플롯을 그대로 적용해 보죠.

신분 상승

소주 → 내 기술 → 고급스러워졌다

편의점의 저렴한 가죽 공예 가죽 케이스

하지만 뭔가 부족한 느낌입니다. 이전 작업들에서는 이런 반전만으로도 충분히 만족스러웠지만, 이번에는 좀 더 본질적인 고민이 시작되었습니다. 가죽 케이스만으로 신분 상승을 시키는 패턴이 너무 반복적이고 개연성이 떨어져 보였습니다.

'평범한 소주를 굳이 고급스러운 케이스에 담아야 할 이유가 있을까?'

이 질문이 계속 머릿속을 맴돌았습니다. 그때부터 떠오르는 생각들을 하나하나 메모장에 적어 내려가기 시작했습니다.

소주를 고급 케이스에 넣을 일?
- 개인 보관
  굳이? 왜? 그 소주에 어떤 추억?
  추억 - 여자친구, 친구, 부모님…
          다 먹은 빈 병도 아니고 따지 않은 새 병을 보관?
- 선물
  소주를 선물한다? 고급 소주도 아닌데 선물?
  소주를 선물하는 경우?
  한국 소주를 한국인에게?
  한국 소주를 외국인에게? O
          외국인이 한국에 놀러왔나? 무슨 사이지?
          처음 왔나? 이미 온 적이 있어서 소주가 뭔지 알고 있나?
          술은 음식과 함께 - 식사 자리
          한국에 온 외국인과 식사 자리 + 술
          술을 가져가야 하는 상황? - 콜키지 가능한 레스토랑에서 약속
          각자 술 가지고 오기로
          한국 소주 패키지 만들어서 가져가고, 감탄하며 한 잔 먹는다(리액션).

소주를 위한 고급 가죽 케이스를 구상하면서 가장 먼저 고민했던 건 바로 '용도'였습니다. 개인 보관용보다는 선물용이 더 의미 있어 보였지만, 한국인이 한국인에게 평범하고 흔한 소주를 고급 케이스에 담아 선물한다는 게 어딘가 어색했죠. 그러다 문득 '만약 선물을 받는 사람이 외국인이라면?'이라는 생각이 떠올랐습니다. 그러자 이야기가 완전히 달라졌습니다.

한국을 찾은 외국인 친구에게 특별한 'K-소주 패키지'를 선물하는

장면이 그려졌습니다. 콜키지 프리 레스토랑에서 저녁 식사를 하며 서로 술 한 병씩을 꺼내는 상황, 그리고 케이스를 열었을 때 친구의 놀란 표정까지. 소주는 고급스럽게 변신하고, 영상에는 재미까지 더할 수 있는 완벽한 시나리오였습니다.

스토리가 확실히 잡히자 디자인 방향도 자연스럽게 정해졌습니다. 외국인 친구를 위한 선물인 만큼 소주 라벨의 한자 로고는 그대로 살리고, 브랜드의 상징인 블루 계열 컬러를 활용한 박스형 가죽 케이스를 구상했습니다. 여기에 소주와 소주잔이 세트로 들어가는 패키지 형태로 완성도를 높였죠. 이렇게 모든 퍼즐 조각이 맞춰지며 프로젝트는 순조롭게 진행됐습니다.

변수는 늘 생긴다

모든 계획이 완벽할 순 없습니다. 제품도 완성되고 레스토랑에서 촬영만을 남겨둔 그때, 예상치 못한 변수가 찾아왔습니다. 코로나19 거리두기 4단계 격상으로 모임 인원이 두 명으로 제한된 것입니다. 세 명이 레스토랑에서 만나 제품을 공개하고 반응을 담기로 했던 원래의 스토리는 더 이상 진행할 수 없었죠.

하지만 위기는 곧 기회가 되었습니다. 급히 계획을 수정해 거리두기 4단계를 알리는 뉴스 속보를 영상의 한 장면으로 활용했고, 외국인 친구에게 선물을 전달하지 못한 아쉬움을 달래는 혼술 장면으로 방향을 전환했습니다. 예기치 않았던 상황이 오히려 영상에 더 깊은 공감을 불러일으키는 요소가 되었습니다.

제　목 1,400원짜리 소주가 신분 상승하는 과정
조회수 136만 회
날　짜 2021년 7월 14일

　많은 분들은 이 영상이 단순히 소주 케이스라는 제품 때문에 성공했다고 생각하겠지만, 저는 그렇게 생각하지 않습니다. 이 작품이 탄생하게 된 배경, 제작 과정의 이야기, 그리고 예상치 못한 상황 속 마무리까지, 이 모든 과정을 담은 스토리가 시청자들의 마음을 움직였기에 가능한 결과였습니다. 실제로 높은 시청 지속 시간이 이를 증명해 주었습니다.

　결국 소주 케이스의 아름다운 디자인은 부차적인 요소였습니다. 진정한 성공 요인은 이 이야기가 담고 있는 진정성과 그에 공감한 시청자들의 반응이었습니다.

그 결과는 수치로도 증명되었습니다. 조회수 136만 회 이상을 기록했고 2,200개가 넘는 댓글과 2.6만 개의 좋아요를 받았죠. 이런 반응은 단순한 제품 소개 영상으로는 얻기 힘든 성과입니다.

22

비즈니스 확장,
유튜브의 힘

우리 같은 기술자들의 가장 큰 잠재력은 완벽한 기술력과 스토리텔링을 결합했을 때 발휘됩니다. 유튜브 콘텐츠는 이 두 가지를 효과적으로 녹여낼 수 있습니다. 단순히 능력을 보여 주는 것을 넘어 그 기술에 의미 있는 이야기를 담아 내면 자연스럽게 비즈니스 기회로 이어질 확률이 큽니다. 제품이 지닌 고유의 가치와 매력이 스토리를 통해 자연스럽게 부각되는 거죠.

많은 크리에이터들이 유튜브를 단순히 조회수와 광고 수익을 위한 플랫폼으로만 바라봅니다. 물론 그런 수익도 중요하지만, 더 큰 기회는 그 이후에 찾아옵니다. 우리가 실제 기술을 가지고 있기 때문에 가능한 일들이죠. 대량 생산 계약이나 납품 요청을 받을 수도 있고, 새로운 브랜드 론칭 제안을 받을 수도 있습니다.

제가 만든 소주 케이스 영상이 좋은 예시가 될 수 있겠네요. 영상 공개 후 주류 업계는 물론 다른 산업 분야에서도 다양한 비즈니스 제안이 들어왔고, 실제로도 여러 협업으로 이어졌습니다. 이런 기회들이 찾아온 건 단순히 제품만 만든 게 아니라 그 안에 매력적인 스토리를 담아냈기 때문이라고 확신합니다.

기획의 놀라운 힘

기술과 스토리의 결합은 놀라운 시너지를 만들어 냅니다. 우리는 흔히 뛰어난 기술력과 세련된 디자인이 성공의 핵심이라고 생각하지만, 실제로 사람들의 마음을 움직이는 것은 그 작품이 담고 있는 '이야기'입니다. 제품 너머에 있는 의미와 맥락, 그리고 그것이 전하는 감동이 진정한 가치를 만들어 내는 것이죠.

이것이 바로 우리 같은 기술자들이 단순한 제작자를 넘어 콘텐츠 생산자가 되어야 하는 이유입니다. 기술은 그 자체로도 충분히 가치가 있지만, 이것을 통해 사람들과 소통하고 교감할 때 더 큰 의미를 가지게 됩니다. 그리고 이 소통의 핵심에는 바로 '스토리'가 있습니다.

이는 마치 연예계의 성공 법칙과도 비슷합니다. 아무리 뛰어난 외모의 배우라고 해서 무조건 성공하는 것은 아닙니다. 감동적인 작품 속에서 매력적인 캐릭터를 완벽하게 연기했을 때 비로소 스타가 될 기회

제 목 900원짜리 신라면이 신분 상승하는 과정
조회수 89만 회
날 짜 2021년 8월 1일

제 목 신라면 볶음면이 신분 상승하는 과정
조회수 24만 회
날 짜 2021년 9월 2일

가 생깁니다. 마찬가지로 타고난 재치와 입담을 가진 코미디언이라 해도 잘 기획된 프로그램에서 독특한 캐릭터로 사랑받을 때 비로소 인정받습니다. 우리의 기술도 마찬가지입니다. 훌륭한 기술이 의미 있는 스토리와 만날 때 비로소 사람들의 마음을 움직이는 진정한 가치가 탄생합니다.

라면 브랜드와의 협업도 같은 맥락에서 진행되었습니다. 처음에는 '라면을 위한 가죽 케이스라니, 이게 과연 필요할까?' 하는 의문이 들었습니다. 하지만 당시 출시된 신제품 라면을 보며 문득 이런 생각이 들었죠.

'혹시 이건 하나의 신무기 아닐까?'

첩보 영화를 보면 중요한 신무기는 늘 비밀번호가 설정된 007 가방에 담겨 이동합니다. 여기에 착안해 이 신제품 라면을 마치 극비 문서처럼 안전하게 운반해야 한다는 콘셉트를 생각했고, 자연스럽게 007 스타일의 가죽 가방 디자인으로 탄생시키게 되었습니다.

이 아이디어는 영상으로 제작되어 업로드된 후에도 실제 제품으로 이어져 대량 생산과 납품까지 성사되는 비즈니스 확장의 성공 사례가 되었습니다.

다음은 무엇을 제작하는 영상일까요? 제목이나 섬네일만으로는 정체를 짐작하기 어려우실 겁니다.

제 목 썸녀에게 블랙핑크 로제 덕후인걸 들켰을 때
조회수 47만 회
날 짜 2022년 7월 18일

이 영상은 독특한 디자인의 카드 지갑을 만드는 과정을 담고 있습니다. 평범한 제작 과정보다는 좀 더 재미있는 기획을 더하고 싶어서 마치 라면 케이스처럼 단순한 제작 과정 그 이상의 이야기를 넣었죠. 플롯은 동일합니다.

체크 카드		내 기술		특별해졌다
새로 출시된	→	가죽 공예	→	IC칩

그즈음 유명 걸그룹의 체크 카드가 출시되었는데, 문득 이런 의문이 들었습니다.

'이 걸그룹의 체크 카드를 실제로 사용하는 사람들은 누구일까?'

당시 작성했던 메모입니다.

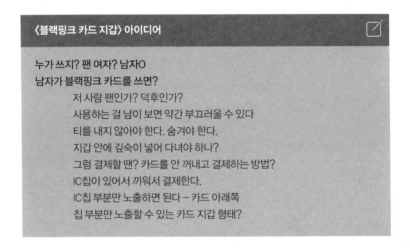

〈블랙핑크 카드 지갑〉 아이디어

누가 쓰지? 팬 여자? 남자O
남자가 블랙핑크 카드를 쓰면?
　　　저 사람 팬인가? 덕후인가?
　　　사용하는 걸 남이 보면 약간 부끄러울 수 있다
　　　티를 내지 않아야 한다. 숨겨야 한다.
　　　지갑 안에 깊숙이 넣어 다녀야 하나?
　　　그럼 결제할 땐? 카드를 안 꺼내고 결제하는 방법?
　　　IC칩이 있어서 끼워서 결제한다.
　　　IC칩 부분만 노출하면 된다 – 카드 아래쪽
　　　칩 부분만 노출할 수 있는 카드 지갑 형태?

제가 생각하기에 이 카드의 주 사용자는 당연히 팬일 것이고, 특히 남성 팬들이 사용하는 모습을 보여 주면 더 재미있는 상황이 연출될 것 같았습니다. 하지만 걸그룹 멤버들의 얼굴이 선명하게 프린트된 카드다 보니, 공개적으로 사용하기에는 망설여질 수 있겠다는 생각이 들었죠. 그래서 이런 아이디어가 떠올랐습니다.

'좋아하는 걸그룹의 카드를 소유하는 만족감은 누리면서도, 실제 사용할 때는 티나지 않게 쓸 수 있는 방법이 없을까?'

마침 요즘 카드들은 IC칩 부분만 있어도 결제가 가능하니, 필요할 때 칩 부분만 살짝 노출해서 결제할 수 있는 디자인을 고안하게 된 것입니다.

다음은 확정된 스토리입니다.

스토리의 주인공을 제가 직접 맡아 이야기를 풀어내기로 했습니다. 걸그룹 카드로 결제하다가 소개팅 상대 여성에게 민망한 상황을 맞이하게 되고, 이런 난처한 경험을 계기로 카드의 정체를 숨길 수 있는 특별한 카드 지갑을 만들게 된다는 내용이죠.

이 영상은 단순한 제품 제작을 넘어서 사람이 공감할 수 있는 스토리를 담아냈고, 결과적으로 여러 카드사들과의 자연스러운 비즈니스 협업으로까지 이어지는 성공적인 결과를 이루어냈습니다.

드라마나 영화 분야에도 동일한 접근 방식을 취했습니다. 제가 보유한 가죽 공예 기술을 어떻게 드라마나 영화 콘텐츠와 자연스럽게 접목시킬 수 있을지, 그 연결 고리를 찾아 영상으로 보여 주는 작업을 진행했죠. 이렇게 제작된 영상들은 제 기술이 엔터테인먼트 산업과도 어우러질 수 있다는 가능성을 제시하는 좋은 사례가 되었습니다.

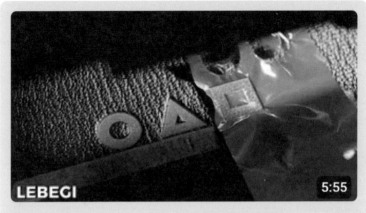

제　목　넷플릭스 관계자도 전혀 예상 못 한 오징어게임 굿즈 만들기
조회수　60만 회
날　짜　2021년 10월 6일

평가를 받는다는 것

영상을 제작하면서 "상황이 너무 인위적이고 어이없다"라는 평가를 자주 받습니다. 실제로 제 영상에도 이런 댓글이 가장 많이 달리곤 하죠. 하지만 저는 여기에 크게 신경 쓰지 않습니다.

재미있는 스토리를 만들어 내고 그것을 통해 제품과 기술을 자연스럽게 보여 주는 것이 제가 추구하는 방향이기 때문입니다. 상황이 다소 과장되거나 인위적으로 보일 수 있더라도 그것이 오히려 콘텐츠를 더 기억에 남게 만들 수 있다고 생각합니다.

다음 슬리퍼 영상도 기본 구조는 단순합니다. 저렴한 슬리퍼를 고급스럽게 리폼하는 내용인데, 여기에 재미있는 발상을 더했죠.

'이렇게 가죽으로 멋지게 리폼하고 케이스까지 만들어 준다면 30만원에 팔 수 있지 않을까?'

앞서 말씀드렸듯이 제품 가격은 늘 논란이 되는 주제입니다. 그래서 리폼한 슬리퍼를 당근마켓에 중고로 올리겠다는 설정을 넣었죠. 실제 판매는 하지 않았지만, 이런 상황 설정만으로도 충분히 화제가 될 만했습니다. 당근마켓 규정상 DIY 커스텀 제품 판매가 금지되어 있다는 점도 알고 있었고, 댓글란에서 분명 이 부분이 지적될 거라고 예상했습니다.

결과는 제가 예상한 대로였습니다. 하지만 중요한 것은 단순히 평가를 받는 것이 아니라, 그 평가들을 활용해서 어떻게 더 성장할 것인지를 고민하는 것입니다.

PART
03

콘텐츠의 시대,
기술을 넘어서라

23

새로운 기획이
불러온 변화

아무리 인기 있는 코미디라도 시간이 흐르면 신선함이 떨어지기 마련입니다. 제 콘텐츠도 예외는 아닙니다. '신분 상승' 시리즈를 통해 채널을 크게 성장시킬 수 있었지만, 점차 콘텐츠가 식상해진다는 느낌이 스스로도 들었습니다.

이제는 변화가 필요한 시점이라고 판단했습니다. 물론 제가 지금까지 구축해 온 기본적인 스토리텔링 방식은 유지하되, 새로운 시도를 통해 콘텐츠에 신선한 활력을 불어넣기로 했죠. 그렇게 색다른 기획들을 시도하기 시작했습니다.

'의뢰인들' 시리즈

 '리폼reform'이라는 콘셉트를 기본 베이스로 삼은 것은 지금 생각해 보면 꽤 전략적인 선택이었습니다. 완전히 새로운 것을 만들어 내는 것보다는 기존 제품을 재해석하고 변형하는 작업이 상대적으로 수월했기 때문입니다. 이미 존재하는 제품의 어떤 요소를 활용하고 어떻게 변화를 줄 것인지만 고민하면 되니, 창작에 대한 부담도 훨씬 적었습니다.

제 목 전 남친에게 돌려받은 보테가 베네타 지갑을 리폼 해달라는
    그녀 | 의뢰인들 Ep.1
조회수 98만 회
날 짜 2022년 1월 24일

 기본적인 스토리 플롯은 늘 같습니다.

지갑	→	내 기술	→	세련되게 변신했다
전 남친 명품 지갑		가죽 공예		리폼

여기서 중요한 건 '왜 이런 작업을 하는가?'라는 물음입니다. '왜?'라는 질문에 대한 답을 찾을 때 비로소 새로운 이야기가 탄생하니까요.

이 영상에 등장하는 지갑은 제가 실제로 예전에 사용했던 남성용 반지갑입니다. 문득 이런 생각이 들었죠.

'만약 이 남자 지갑을 여성이 가지고 있다면 어떨까?'

이 발상에서 재미있는 스토리가 떠올랐습니다. 여성이 남자 지갑을 소지하게 된 이유를 고민하다가, '전 남자친구에게 선물했다가 헤어지면서 돌려받은 상황'이라는 설정을 만들어 냈죠.

이 설정만으로도 이미 흥미진진했습니다. 자연스럽게 디자인 방향도 정해졌죠. 남성용 지갑을 여성스러운 디자인으로 변신시키면 되니까요. 게다가 '헤어진 연인에게 줬던 선물을 돌려받는다'는 설정은 시청자들 사이에서 다양한 의견이 오갈 만한 논쟁거리가 될 것이라고 예상했습니다. 실제로 반응도 매우 좋았습니다.

제　목　전전 여친에게 선물 받은 까르띠에 지갑이 미치도록
　　　　싫은 남자 | 의뢰인들 Ep.3
조회수　199만 회
날　짜　2022년 2월 12일

비슷한 스토리 설정으로 이번엔 남자가 주인공인 영상도 기획했습
니다. 앞선 영상의 반대 상황을 설정해서 이번에는 남성이 주인공인
스토리를 기획했습니다. '전 여자친구에게 선물받은 지갑을 가진 남자'
라는 설정이었죠. 여기서 한 걸음 더 나아가 '전 여자친구'가 아닌 '전
전 여자친구'로 설정을 바꿔 보면 어떨까 했습니다.

'왜 아직도 전전 여자친구의 선물을 가지고 있는 걸까?'
'그 지갑을 왜 그토록 싫어하는 걸까?'

조금 설정을 뒤튼 것만으로도 더 많은 궁금증과 이야깃거리를 만들어 낼 수 있었습니다. 예상대로 댓글도 폭발적이었고, 의견 대립도 활발했으며, 조회수와 좋아요 수도 모두 높았던 성공적인 기획이었습니다.

이런 의뢰인 시리즈는 대부분 허구의 내용을 바탕으로 하고 있습니다. 실제 사연이 아닌, 재미를 위해 만들어 낸 이야기죠. 결국 중요한 것은 제품을 '어떻게 만드느냐'보다 '어떤 이야기로 포장하느냐'입니다.

이렇게 해서 기존의 '신분 상승' 시리즈를 충분히 대체할 만한 새로운 시리즈가 탄생할 수 있었습니다. 물론 '낡은 것을 새롭게 만든다'는 기본 플롯은 그대로 유지하면서 말이죠.

다양한 기술의 접목

사람들은 종종 제게 묻습니다.

"가죽 공예를 하면서 굳이 기술까지 배울 필요가 있나요?"

실제로 가죽 작업을 하다 보면 제가 상상하는 것들을 구현하기 위해 목공, 금속 작업, 심지어 전기 기술까지 필요한 경우가 많습니다. 물론 그때마다 각 분야의 전문가에게 도움을 요청할 수도 있겠죠. 하지만 이러한 기술들을 조금이라도 다룰 줄 안다면 큰 무기가 됩니다. 마치 가수가 노래만 잘해도 되지만 연기나 악기 연주까지 할 줄 안다면 더 많은 활동 기회를 얻을 수 있는 것처럼요.

제 가죽 공예 작품을 예로 들어보겠습니다. 단순한 키홀더 하나를 만들 때도 금속 작업이 필요하고, 007 가방을 제작할 때는 목공 기술이 들어갑니다. 즉, 완전히 다른 분야의 기술이라도 최고 수준까지는 아니지만 기본기만 갖춰도 예상 외로 많은 작업 기회가 생깁니다.

어느 날 문득 에르메스의 애플워치 스트랩을 만드는 영상을 기획하고 싶었습니다. 가죽 공예를 하는 분이라면 아시겠지만, 시곗줄 제작은 굉장히 섬세한 분야인 만큼 뛰어난 기술력을 인정받을 수 있는 작업입니다. 여기서도 '애플워치가 나의 기술을 만나 더 고급스러워진다'는 기본 플롯은 유지하되, 늘 그렇듯 '왜 이 작업을 하는가?'에 대한 스토리를 더하고자 했습니다. 그래서 고민 끝에 매일 지하철로 출퇴근하는 제 동생이 애플워치의 주인공이라는 설정을 만들었습니다.

여기서 더 나아가 '매일 지하철을 타고 다니는데 가죽 스트랩에

교통 카드 기능을 넣을 수는 없을까?' 하는 아이디어가 떠올랐습니다. 이 기능만 구현할 수 있다면 동생이 감동할 만한 멋진 스토리가 될 것 같았거든요.

그때부터 정말 열심히 연구했습니다. 교통 카드를 분해하고, 칩을 이식하는 방법을 찾아보고, 전자기 유도를 위한 코일에 대해 공부하기 시작했죠. 과학 관련 채널들을 찾아가며 필요한 지식을 쌓았고, 수많은 교통 카드를 희생시켜가며 실험도 거듭했습니다.

그 결과 마침내 성공했습니다. 실제로 사용 가능한 교통 카드 칩이 내장된 가죽 시곗줄을 만들어 낸 거죠.

'가죽 시계줄에 교통 카드를 이식했다'는 내용만으로도 충분히 화제

LEBEGI 7:44

제 목 지하철 출퇴근하는 앱등이 동생 애플워치로 감동시키는 방법 (애플 페이 안될 때)
조회수 197만 회
날 짜 2021년 12월 2일

성이 있었지만, 이보다 더 많은 반응을 이끌어 내기 위한 요소를 고민했습니다. 그래서 여전히 뜨거운 논쟁거리인 '삼성 VS 애플' 구도를 활용하기로 했죠. '앱등이'라는 단어를 제목에 넣음으로써 자연스럽게 의견 대립을 유도했습니다.

결과는 대성공이었습니다. 1,600개가 넘는 댓글과 2.5만 개의 좋아요를 받았고, 조회수는 200만 회에 육박했습니다.

다음 의뢰인 시리즈도 같은 맥락에서 진행된 작업입니다. 버버리 지갑과 애플의 맥세이프 카드 지갑(자석이 부착된)을 결합해 재미있는 스토리를 만들어 냈습니다. 이 작업을 위해서는 자석의 원리와 같은

제 목 아이폰 때문에 오래된 버버리 지갑을 바꿀 수 없다는
여자 | 의뢰인들 Ep.4
조회수 239만 회
날 짜 2022년 6월 12일

기본적인 과학 지식이 필요했는데, 실제 영상을 보면 지금까지 설명드린 접근 방식을 쉽게 이해할 수 있을 것입니다.

이처럼 꾸준히 다른 기술을 접목하는 시도는 단순히 작품의 가치를 높이는 것은 물론, 더 다양한 비즈니스로 확장할 수 있는 발판을 마련하는 계기가 되었습니다.

그렇게 찾아온 회사와의 협업

계속해서 더 재미있는 콘텐츠를 만들고 싶어서 여러 시도를 했습니다. 유머러스한 상황도 만들어 보고, 스토리텔링도 해 보고, 다른 기술들도 접목해 보면서 말이죠. 처음에는 가죽 공예만 하던 제가 목공도 해 보고, 금속도 만져 보고, 심지어 코딩까지 건드리게 되었습니다. 제 콘텐츠는 단순한 DIY를 넘어 하나의 완성된 스토리가 되었습니다. 사실 처음에는 그저 재미있는 실험 같은 느낌으로 시작했는데, 이런 시도들이 쌓이다 보니 자연스럽게 여러 기업에서 제 채널에 관심을 보이기 시작했습니다.

그렇게 하나둘 협업이 이뤄지면서 이전보다 더 새로운 콘텐츠도 만들 수 있었고, 그러다 보니 새로운 비즈니스 기회도 찾아왔습니다.

다음 프로젝트는 전통주 정기 구독 서비스를 운영하는 한 업체와 협

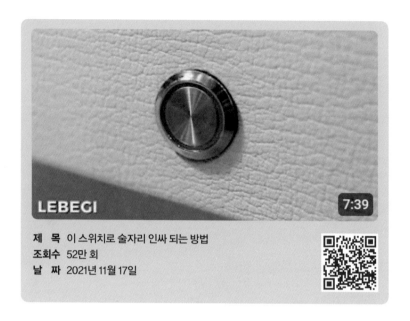

업한 영상입니다. 이 또한 여러 기술 분야를 융합한 대표적인 사례로, 제목만으로는 그 내용을 짐작하기 어렵습니다.

한 달에 2~3병의 전통주를 정기 배송하는 서비스였는데, 세 병의 술을 어떤 방식으로 표현할지 고민했습니다. 그러다 문득 세 명의 여성이 모인 자리에 이 술 세 병을 가져간다면 재미있는 상황이 연출되지 않을까 하는 생각이 들었어요. 여기에 세 병을 전달하는 방식을 고민하다가 자판기라는 아이디어가 떠올랐고, 세 개의 버튼을 누르면 각각의 술이 자판기처럼 나오는 방식으로 기획을 완성했습니다.

전통주 자판기를 실제로 구현하기 위해 작동 원리부터 필요한 부품까지 꼼꼼히 공부하고 연구했습니다. 결과물은 가죽뿐만 아니라 모터와 목재 등 다양한 소재와 기술이 어우러진 종합 공예품이 되었죠. 다른 분야와의 융합 없이는 이런 독특한 스토리텔링을 실현하기 어려웠을 것입니다. 그래서 늘 강조하지만, 다양한 분야의 기술을 익히면 더욱 창의적이고 다채로운 작품을 만들어 낼 수 있습니다.

다음 작품은 자동차 브랜드와 협업한 영상으로, 가죽 공예와 프로그래밍을 결합하면 어떤 시너지를 낼 수 있는지 잘 보여 줍니다. LED 제어를 위해 코딩을 접목시키면서 흥미로운 기능이 더해졌죠. 덕분에 평범한 가죽 사탕 케이스를 넘어서 한층 더 특별하고 매력적인 작품으로

제 목 벤츠 전용 스마트 사탕 케이스 만들기
조회수 15만 회
날 짜 2022년 11월 18일

재탄생할 수 있었습니다.

한번은 금속 공예에도 도전해 보았습니다. 처음에는 경험이 없어 많이 망설였지만, 가죽 공예를 하면서 금속 작업이 필요할 때가 있다 보니 배워 둬야겠다고 결심했죠. 사실 대부분의 공예는 비슷한 과정을 따릅니다. 소재와 도구만 다를 뿐 재단하고 붙이고 샌딩으로 마감하는 기본적인 작업 과정은 동일합니다.

다음 영상은 한 게임 회사와 협업했던 프로젝트입니다. 게임에서 레벨 70을 달성한 사용자에게 순금 70돈이 담긴 케이스를 선물하는 의뢰였습니다. 실제로 이 게임에서 레벨 70 달성이 상당히 힘들다는 것을 알게 되면서 저 역시 레벨 0에서 70까지 도달하는 과정을 어떻게

LEBEGI 10:31

제　목 2,300만 원짜리 순금 70돈을 가져온 남자 | 의뢰인들
　　　 Ep.6
조회수 35만 회
날　짜 2023년 4월 15일

표현할 수 있을까 고민했죠. 그러다가 제가 직접 금속 공예에 도전하면서 초보자에서 숙련자가 되어 가는 모습을 게임 속 레벨 업 과정과 오버랩하면 재미있겠다는 아이디어가 떠올랐습니다. 그렇게 밤낮으로 금속 공예 공방을 오가며 작업 과정을 촬영했고, 마침내 멋진 작품을 완성할 수 있었습니다.

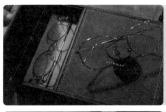

제 목 뜨고 싶습니다. 가능..합니까? | 의뢰인들 Ep.2
조회수 30만 회
날 짜 2022년 1월 28일

제 목 의심이 많은 대기업 그녀들 | 의뢰인들 Ep.5
조회수 28만 회
날 짜 2022년 10월 28일

제 목 하이엔드 브랜드에서도 살 수 없는 걸 만들어 달라는 100억 연봉 일타강사 이지영
조회수 209만 회
날 짜 2023년 11월 29일

제 목 2,300만 원짜리 순금 70돈을 가져온 남자 | 의뢰인들 Ep.6
조회수 35만 회
날 짜 2023년 4월 15일

이처럼 다른 기술과의 융합은 콘텐츠 제작에 있어 굉장히 중요한 요소입니다. 비록 배우는 과정은 힘들어도 그 과정에서 얻는 성취감은 실로 엄청납니다. 저 역시 가죽 공예만으로는 한계에 도달했다고 생각했는데, 새로운 기술을 익히고 나니 전혀 다른 차원으로 또 다시 발전할 수 있다는 것을 깨닫게 되었습니다.

24

업그레이드
안 하면 죽는다

요즘은 사람들의 취향과 관심사를 빠르게 파악하고 이를 효과적으로 표현해 내는 것이 매우 중요해졌습니다. 트렌드의 주기가 점점 더 짧아지고 있기 때문입니다. 이런 빠른 변화에 대응하기 위해서는 우리의 기술과 표현 방식을 끊임없이 업그레이드해야만 합니다.

천천히 꾸준히 하면 이긴다?

저 역시 처음에는 제 가죽 공예 실력이 꽤 괜찮은 수준이라고 자부했습니다. 하지만 유튜브를 시작하고 영상 콘텐츠를 만들면서 부족함을 많이 깨닫게 되었죠. 새로운 기술을 배우고 다른 분야와의 협업에 열린 자세를 가지는 것은 반드시 성장의 밑거름이 됩니다. 제가 지금 만들고 있는 영상 콘텐츠야말로 가죽 공예와 영상 편집이라는 서로 다른 기술이 만나 시너지를 발휘하는 대표적인 사례라고 할 수 있습니다.

미국의 오래된 속담이 있습니다.

Slow and steady wins the race.
천천히 꾸준히 하면 이긴다.

한때는 이 말이 진리처럼 여겨졌지만, 지금 시대에는 더 이상 유효하지 않습니다. 느린 속도로 꾸준히 하는 것만으로는 급변하는 시장에서 도태될 수밖에 없습니다. 우리에게는 새로운 법칙이 필요합니다.

첫째, 속도입니다.

이제는 꾸준함과 함께 빠른 실행력이 필수입니다. 우물쭈물 고민하고 망설일 시간조차 없습니다. 세상이 숨가쁘게 변화하는 속도를 생각해 보세요. 여러분이 유튜브를 시작할까 말까, 콘텐츠를 만들까 말까 고민하는 그 짧은 순간에도 트렌드는 이미 바뀌어 버립니다. 그래서 과감해져야 합니다. 완벽하지 않더라도 일단 플롯을 짜고, 스토리를 구성하고, 카메라부터 들어야 합니다. 이제는 빠르게 시작하고 계속 발전시켜 나가는 것이 성공의 열쇠가 된 시대입니다.

둘째, 품질입니다.

빠르게 실행하되, 품질은 결코 타협하면 안 됩니다. 시장은 이제 어설픈 콘텐츠를 용납하지 않습니다. 하루에도 수없이 많은 콘텐츠가 쏟아지는 가운데 사람들의 눈은 점점 더 높아지고 있습니다. 평범한 것에는 단 한 번의 시선조차 주지 않는 것이 현실입니다. 스토리 하나, 제목 하나에도 남들과 다른 차별성과 매력이 필요합니다. 여러분의 콘텐츠는 무수히 많은 경쟁자들 사이에서 단 1초 만에 선택받아야 하기 때문입니다.

하지만 여기서 가장 큰 딜레마가 발생합니다.

바로 이 '속도'와 '품질'이라는 두 가지 조건을 동시에 충족시켜야 한다는 점입니다. 개인이 혼자서 감당하기에는 너무나 많은 역할과 책임이 필요합니다. 기획자가 되어 스토리를 구상하고, 작가가 되어 콘텐츠를 만들고, 카메라맨이 되어 촬영하고, 편집자가 되어 영상을 다듬어야 합니다. 본래 전문가 여러 명이 분담해야 할 작업들을 혼자서 모두 해내야 하니, 이는 분명 버거운 도전이 될 수밖에 없습니다.

AI 시대, 변화는 선택이 아닌 필수

우리는 다행히도 AI가 급속도로 발전하는 시대를 살아가고 있습니다. 지금도 '빠른 속도'라는 과제를 해결해 줄 강력한 도구들이 계속해서 등장하고 있습니다.

포토샵의 생성형 AI로 더욱 완벽한 이미지를 만들어 낼 수 있고, ChatGPT와 같은 AI 모델은 간단한 키워드만으로도 다채로운 스토리를 만들어 냅니다. 과거에 여러 명이 필요했던 작업들을 이제는 AI가 놀라운 속도로 도와주고 있습니다.

하지만 여기서 가장 중요한 것은 무엇일까요?

아무리 AI 기술이 발전해도 결국 핵심은 우리가 이 기술들을 얼마나 효과적으로 활용할 수 있느냐입니다. 모든 AI 시스템은 결국 텍스트를 기반으로 작동합니다. 우리가 입력한 텍스트를 통해 영상을 만들고, 이미지를 생성하며, 새로운 이야기를 펼쳐 냅니다.

따라서 이 모든 가능성을 현실로 만들어 내는 첫 단추는 바로 여러분의 '텍스트 입력'에서 시작됩니다. AI와 효과적으로 소통하는 방법을 터득한다면 앞으로 등장할 더욱 뛰어난 AI 모델들을 활용해 양질의 콘텐츠를 만들 수 있을 것입니다. 이것은 마치 새로운 언어를 배우는 것과도 같아서 꾸준한 연습과 시도가 필요합니다.

한번은 유명 강사님과 촬영을 한 적이 있습니다. 워낙 바쁘신 분이라 서로 일정을 맞추기가 쉽지 않았고, 최대한 짧은 시간 안에 촬영을 마쳐야 했기에 스토리와 대본을 꼼꼼히 준비했습니다. 다행히 촬영은 순조롭게 끝났지만 편집 과정에서 아쉬운 점을 발견하고 말았습니다. '이

부분에 이런 대사가 있었다면 더 완벽했을 텐데…'라는 생각이 들었거든요.

하지만 몇 마디 대사를 추가로 녹음하기 위해 다시 일정을 조율하는 것은 현실적으로 불가능했습니다. 고민 끝에 AI 기술을 활용하기로 했습니다. 기존에 녹음된 강사님의 음성을 AI로 분석한 후 필요한 대사를 텍스트로 입력했더니 원하는 음성을 만들어 낼 수 있었습니다. 실제 녹음된 목소리를 기반으로 했기에 진짜와 거의 구분이 불가능할 정도였습니다. 나중에 강사님께 이 사실을 말씀드렸더니, 본인도 전혀 눈치채지 못했다고 하시더라고요.

제 목 하이엔드 브랜드에서도 살 수 없는 걸 만들어 달라는
        100억 연봉 일타강사 이지영
조회수 210만 회
날 짜 2023년 11월 29일

이처럼 AI 도구들을 효과적으로 활용하면 다양한 콘텐츠를 훨씬 더 빠르고 쉽게 제작할 수 있습니다. 영상의 중요한 요소인 배경 음악도 마찬가지입니다. 기존 음악을 AI로 분석해 1분짜리 짧은 버전으로 자동 편집할 수 있게 되었습니다. 예전에는 편곡자에게 의뢰해야 했고 그만큼 시간과 비용이 많이 들었지만, 이제는 혼자서도 충분히 해낼 수 있게 된 것입니다.

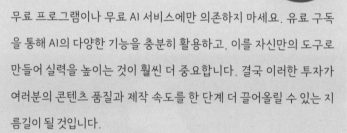

잠깐만요!
무료 프로그램이나 무료 AI 서비스에만 의존하지 마세요. 유료 구독을 통해 AI의 다양한 기능을 충분히 활용하고, 이를 자신만의 도구로 만들어 실력을 높이는 것이 훨씬 더 중요합니다. 결국 이러한 투자가 여러분의 콘텐츠 품질과 제작 속도를 한 단계 더 끌어올릴 수 있는 지름길이 될 것입니다.

25

대중화는
성공의 열쇠

'대중화'는 성공적인 콘텐츠 제작에 가장 핵심적인 요소 중 하나입니다. 사람들의 취향과 관심사를 정확하게 파악하는 것이 바로 처음이자 끝이 되어야 합니다. 영상이든 제품이든 아무리 뛰어난 품질을 가졌어도 '대중성'을 놓치는 순간 성장의 한계에 직면할 수밖에 없습니다.

여러분의 예술적 감각이 아무리 뛰어나다고 해도 대중과의 공감대를 잃으면 그야말로 혼자만의 외로운 여정이 되고 맙니다. 유튜브도 마찬가지입니다. 아무리 뛰어난 영상을 만들어도 그것이 대중의 정서와 동떨어져 있다면 외면받을 수밖에 없습니다. 결국 대중의 마음을 사로잡는 스토리와 기획, 이것이야말로 콘텐츠의 성패를 좌우하는 결정적인 요소입니다.

콘텐츠 생산자가 살아남는 시대

평소에 이런 질문을 정말 자주 받습니다.

"유튜브는 이제 레드오션 아닌가요?"

제 생각은 다릅니다. 유튜브는 아직도 블루오션입니다.

여러분은 중요한 선택의 기로에 서 있습니다. 단순한 기술자로 남을 것인가, 아니면 콘텐츠 생산자로 진화할 것인가. 앞으로 둘 중 누가 살아남을까요? 당연히 콘텐츠 생산자가 살아남을 것입니다. 앞으로 더 이상 기술의 수준만으로는 경쟁력을 가질 수 없는 시대가 되었기 때문입니다.

더 큰 기회를 잡으려면 기술의 영역을 넘어서야 합니다. 지금이야말로 콘텐츠 생산자로서의 길을 선택해야 할 때입니다. 익숙한 기술자의 자리에 안주할 것인지, 아니면 콘텐츠 생산자로서 더 넓은 세상으로 도전할 것인지, 선택은 여러분의 몫입니다.

숏폼 콘텐츠의 힘

지금은 단연 숏폼 콘텐츠의 시대입니다. 유튜브 쇼츠, 틱톡, 인스타그램 릴스와 같은 숏폼 플랫폼들이 대세로 자리잡았죠. 제가 지금까지 미드폼과 롱폼 영상으로 채널을 성장시켜 왔고 좋은 성과를 거둔 것은 사실이지만, 현재의 트렌드는 분명히 숏폼 쪽으로 기울어져 있습니다. 개인적으로는 여러분이 지금 새롭게 시작한다면 숏폼 전용 채널을 만드는 것도 매우 좋은 선택이라고 봅니다.

중요한 것은 기존의 영상 제작 방식에 대한 고집을 버리는 것입니다. 더 길게, 더 많이 보여 주고 싶다는 욕심을 어느 정도 내려놓아야 하죠. 제 경우만 해도 바느질 작업에는 최소 1시간 이상이 걸립니다. 이렇게 공들인 과정을 한두 컷으로 압축해서 보여 줘야 하니 아쉬움이 크죠.

'내가 이렇게 바느질을 잘하는데 더 보여 줘야지.'
'8시간 동안 만든 작품을 1분 만에 보여 주기엔 너무 아까운데...'

하지만 이런 욕심을 이제는 모두 내려놓아야 합니다. 전체 과정을 모두 담으려는 욕심을 버리고, 1분 안에 압축된 강렬한 스토리를 만들어 내는 것이 중요합니다.

잠깐만요!
다행히도 유튜브는 2024년 10월 15일부터 세로 영상을 최대 3분까지도 쇼츠로 분류하고 있어 좀 더 여유 있게 시간을 확보할 수 있습니다.

그렇다면 왜 숏폼 콘텐츠가 대세가 되었을까요?

앞서 이야기한 '대중화'의 관점에서 보면 답은 명료합니다. 현대인들은 긴 영상보다 짧고 강렬하고 자극적인 영상을 선호합니다. 바쁜 일상 속에서 긴 영상을 볼 여유를 찾기 힘들고, 짧은 시간 안에 원하는 정보와 재미를 얻고 싶어하기 때문이죠. 결과를 더 빠르게 확인하고 싶어 하는 것이 현대인의 특성입니다. 우리도 이러한 대중의 욕구에 맞춰 변화해야 합니다.

여기에 또 하나 주목해야 할 것은 바로 숏폼 콘텐츠의 강력한 전파력입니다. 유튜브, 틱톡, 인스타그램의 알고리즘은 짧은 영상을 더 적극적으로 많은 사람들에게 추천합니다. 이러한 바이럴 효과를 통해 우리는 긴 영상으로는 얻기 힘든 폭발적인 반응을 빠르게 이끌어 낼 수 있습니다. 이것이 바로 숏폼 콘텐츠의 특징입니다.

중요한 것은 플랫폼이 아니다

한 가지 분명한 사실은 아무리 숏폼 콘텐츠가 대세라 해도 우리가 지금까지 이야기해 온 기본적인 플롯의 중요성은 변함이 없다는 것입니다. 스토리를 구성하는 플롯은 1분짜리 영상이든 30초짜리 영상이든 모두 동일하게 적용할 수 있기 때문입니다.

콘텐츠를 어떤 플랫폼에서 유통하느냐는 사실 그리 중요하지 않습니다. 유튜브가 됐든, 인스타그램이 됐든, 틱톡이 됐든 말이죠. 진정으로 중요한 것은 플랫폼이 아닌 콘텐츠 그 자체입니다. 물론, 매력적인 스토리를 곁들인 콘텐츠여야 하겠죠.

제가 만든 1분짜리 쇼츠 영상들은 모두 같은 기본 플롯을 따르고 있습니다. 예를 들어, 스타벅스 커피 전용 슬리브를 만드는 영상의 경우

제 목 스타벅스 편의점 커피로 지금
         손님 대접하겠다구요?!
조회수 70만 회
날 짜 2024년 9월 4일

제 목 남자친구 선물? 살짝 테무 느
         낌이
조회수 120만 회
날 짜 2024년 7월 30일

단순히 만드는 과정만 보여 주는 것이 아니라 '왜' 그것을 만들게 되었는지에 대한 스토리를 담았습니다. 제작 과정은 간결하게 보여 주되 전후 맥락을 충분히 이해할 수 있도록 말이죠.

이처럼 숏폼이 대세인 시대에도 살아남는 원리는 우리가 지금까지 이야기해 온 기본 플롯을 토대로 탄탄한 기획과 매력적인 스토리를 더하는 것입니다. 이 원칙만큼은 반드시 잊지 마시기 바랍니다.

장인과 크리에이터라는
두 날개로 높이 비상하게 될 여러분에게

이제 기술만으로 살아남기 어려운 시대입니다. 아무리 뛰어난 제품을 만들고 판매한다 하더라도 그것만으로는 경쟁력을 지속적으로 유지하기 어렵습니다. 여기서 절실히 요구되는 것이 바로 '콘텐츠'입니다. 콘텐츠는 이제 기술을 세상에 알리고 브랜드를 성장시키는 가장 강력하고 효과적인 무기가 되었습니다.

우리는 더 이상 단순한 기술자에 머물러서는 안 됩니다. 새로운 정체성, 즉 '콘텐츠 생산자'로서의 역할을 받아들이고 시장의 흐름에 능동적으로 대응해야 합니다. 사람들의 마음을 사로잡는 트렌드를 읽고, 그들의 기대를 뛰어넘는 매력적인 스토리를 만들어 내는 능력이 이제는 기술만큼이나 중요합니다.

처음부터 쉽지는 않을 것입니다. 새로운 도전은 늘 두렵고 어렵게 느껴질 수 있으니까요. 하지만 걱정하지 마세요. 이 책에서 제시한 전략과 방법들을 충실히 따라가 보세요. 어느 순간부터 여러분은 자신만의 강력한 콘텐츠를 손쉽게 만들어 낼 수 있는 놀라운 성장을 경험하게 될 것입니다. 그리고 그 콘텐츠는 여러분의 기술과 결합하여 여러분이 기대했던 것 이상의 기회와 가능성을 선사할 것입니다.

급변하는 시대는 위기처럼 보이지만, 사실 그 안에는 더 큰 기회가 숨어 있습니다. 그리고 그 기회를 잡는 열쇠는 바로 여러분의 손에 달려 있습니다. 자신감을 가지세요. 여러분은 이미 단순한 기술자가 아니라, 세상을 바꿀 수 있는 크리에이터로 성장하기 시작했습니다. 이제 더 넓은 세상을 무대로 여러분의 기술을 당당히 펼쳐 보일 때입니다.

이 책이 여러분의 새로운 도전에 강력한 불씨가 되기를 바랍니다. 더 멀리, 더 높이 비상하는 여러분의 여정을 진심으로 응원합니다.

이해되셨나요? 끝! 됐지?